L'ART

DE

FAIRE L'AMOUR

OU

LA PENDULE

DE L'AMANT

PARIS

CHEZ TOUS LES LIBRAIRES

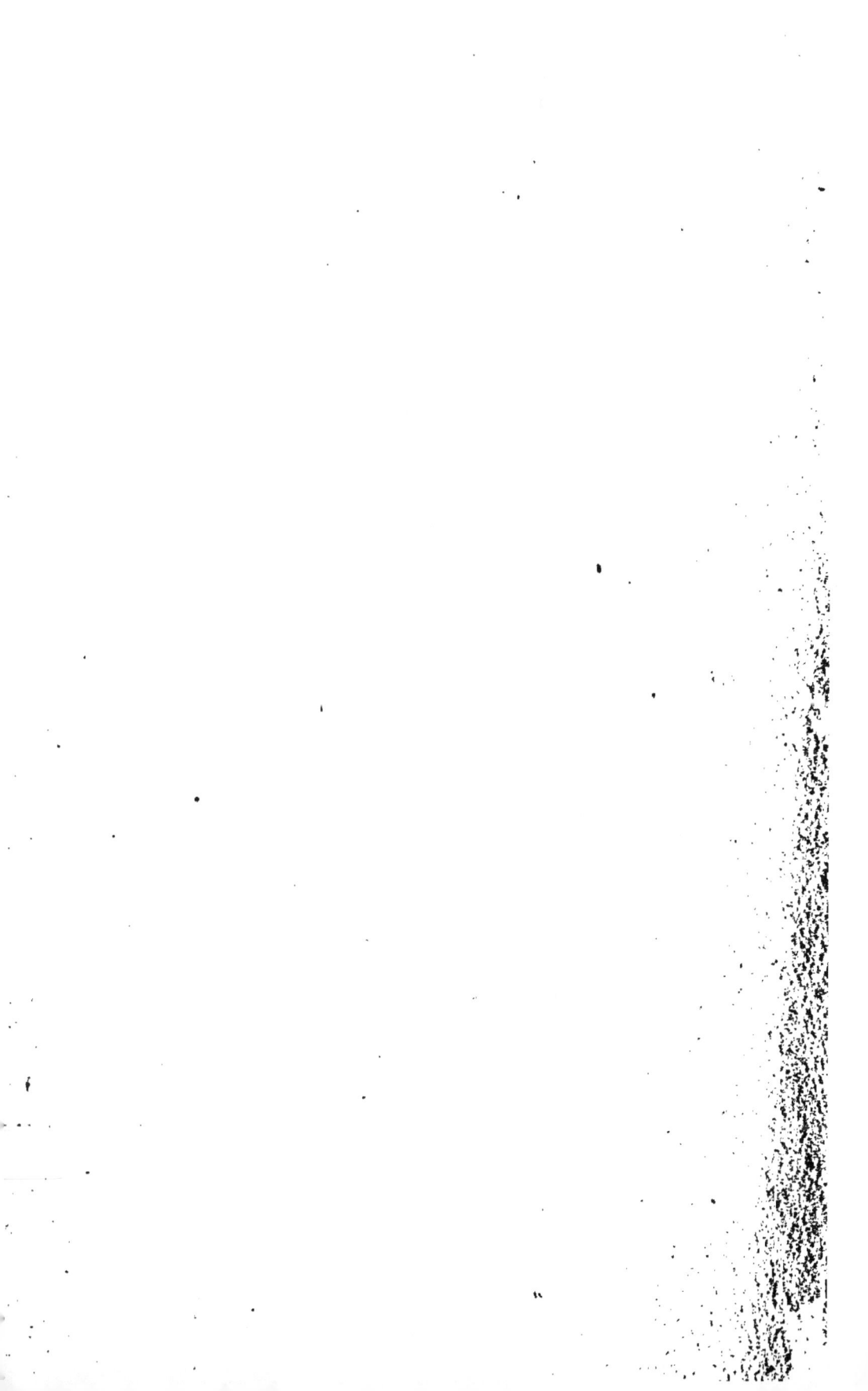

L'ART

DE FAIRE L'AMOUR

IRIS A DAMON

Avouez, Damon, que vous êtes le plus importun des hommes. Cent fois vos lettres m'ont demandé un cadeau; vous prétendez que je vous l'ai promis; vous voulez même être payé avant mon retour. Il faut, pour me solliciter avec tant d'instances ou que vous soyez un créancier bien inquiet, ou que vous me soupçonniez d'injustice. Sachez que je suis fille d'honneur, que ma parole est sacrée; et, pour vous le prouver, je vous envoie une pendule de ma façon : peut-être n'en aurez vous jamais vu d'aussi bonne. Ce n'est pas une de celles que l'on envoie sans cesse chez l'horloger; celle-ci ne se dérange jamais, Elle sera juste, tant que vous m'aimerez; mais le ressort se brisera à l'instant où votre amour commencera à s'éteindre. Cette pendule n'est utile que pendant mon absence : à mon retour, elle changera son mouvement. Quoique je ne l'ai montée que pour le printemps, elle pourra vous servir toute l'année. Vous serez seulement obligé de changer, selon la longueur des jours et des nuits, les occupations que mon Cupidon, placé au milieu du cadran, vous indique pour chaque heure. La flèche de ce petit dieu sert moins à marquer comment les heures s'écoulent, que la manière de les employer pendant l'absence de votre Iris. Vous y trouverez toute l'occupation d'un amant éloigné de sa maîtresse ; car je veux que ma pendule règle toutes vos actions. J'espère que vous estimerez l'ouvrage en considération de l'ouvrière, et, quoique ce ne soit pas un chef-d'œuvre, vous devez m'en savoir gré, puisque je ne l'ai fait que pour vous. Je me garderai bien d'en vanter le dessin ; car, j'aurais beau en dire du bien, je suis sûre que vous ne m'en attribueriez pas toute la gloire, et que vous diriez dans votre cœur :

« L'amour, qui sait donner une nouvelle
« forme à l'âme, qui épure les sentiments,
« qui humilie l'orgueilleux, donne de l'esprit
« au stupide, apprend aux femmes à écrire ;

« l'amour, qui commande à l'univers, dirige le
« cœur et la main de mon Iris. »

Je vous permets de tenir ce langage à votre
cœur ; mais il faut aussi que je vous fasse un
aveu.

« C'est l'amour qui me conduit ; c'est l'a-
« mour qui dirige mes actions. La prudence
« n'est plus mon guide ; je n'écoute plus les
« conseils de mon orgueil ; je suis sourde à la
« voix de l'honneur, lorsqu'il ne s'accorde pas
« avec mon amour ; je méprise les avis de la
« raison, si elle se révolte contre mon cœur.
« Lorsque la douce fraîcheur du soir m'invite
« à prendre l'air, le chant des oiseaux, le
« printemps, les fleurs, n'ont plus de charmes
« pour moi ; l'amour seul est la source de tous
« mes plaisirs. Si la piété me conduit au tem-
« ple, l'amour réclame une partie de mon
« culte, et dérobe au ciel la possession de
« mon cœur. C'est l'amour qui me conseille
« pendant le jour, c'est lui qui, pendant la
« nuit, occupe toute mon âme. Est-il donc
« étonnant que vous pensiez que l'amour se
« mêle dans tout ce que je fais pour vous ? »

Vous le savez, Damon, l'amour n'est pas un
mauvais maître, et je dois avouer, en rougissant, que je suis une écolière assez docile.

comment ne réussirait-il pas? Ses leçons sont si agréables !

« Qui pourrait résister à ses ordres gracieux?
« Quel dieu oserait s'opposer à ses volontés?»

Mais il faut que je vous explique l'usage de ma pendule. L'amour nu que vous verrez au milieu du cadran, les ailes coupées, pour vous montrer qu'il est constant, et qu'il ne s'envolera pas, vous marque avec sa flèche, les vingt-quatre heures qui composent le jour et la nuit. Sur chaque heure vous trouverez écrit ce que vous devez faire pendant son cours ; et chaque demi-heure est marquée par un soupir, puisque le devoir d'un amant est de soupirer jour et nuit. Les soupirs sont enfants de l'amour : ils naissent à chaque heure. Pour que ma pendule soit juste, l'amour doit la régler, et votre cœur doit en suivre les mouvements.

Les heures sont ennuyeuses pour un amant séparé de sa maîtresse, et je veux (tant j'ai de bonté pour vous !) que ma pendule vous apprenne à en passer quelques-unes tranquillement. Je veux que votre imagination charme quelquefois la douleur que vous cause mon absence.

« Peut-être suis-je dans l'erreur? Peut-être

« mon cœur est-il trop confiant ? Mais pour-
« quoi troubler mon repos par une jalousie
« vaine et frivole ? »

Allons, Damon, commencez à connaître les
secrets de ma pendule. Jetez les yeux sur huit
heures du matin : c'est l'heure à laquelle je
veux que vous vous éveilliez.

Huitième Heure

RÊVERIES AGRÉABLES

Ne vous levez pas encore : mille pensées
agréables peuvent occuper les premiers moments de votre réveil. C'est alors que vous
devez vous rappeler tous les songes que vous
avez eus pendant la nuit. S'ils me sont avantageux, repassez-en les plus petites circons-
tances. S'ils sont désagréables, éloignez-en le
souvenir injurieux. C'est alors que je vous permets de réfléchir sur les propos obligeants que
je vous ai adressés, sur celles de mes actions
qui vous ont inspiré des sentiments si tendres.
« Souvenez-vous, Damon, qu'en réfléchis-
« sant sur des choses qui vous charment, vous

1.

« me prouvez la bonté de votre cœur, et déli-
« vrez mon âme du doute qui l'inquiétait.
« Lorsque vous êtes sensible aux faveurs que je
« vous accorde, mon sourire n'a pas été inutile.

« Pensez alors à tout ce que je fis jamais de
« plus cher pour vous. Ne déguisez rien à
« cette âme dont je sens et partage la douleur et
« la joie. Rendez présents à votre esprit les
« témoignages d'amour et de fidélité qui
« furent le prix de vos vœux et de vos soupirs. »

Je vous permets, Damon, de vous flatter
d'un avenir heureux, et de compter sur la
même conduite de ma part, puisque le souvenir seul a tant de charmes pour vous. Mais,
s'il est possible, faites que ces douces pensées
vous occupent entre le sommeil et le réveil,
afin que mes complaisances, ma bonté et ma
tendresse puissent passer pour des demi-
songes.

« Les faveurs d'une maîtresse sont, il est
« vrai, toujours chères à un amant. Avec quel
« soin cependant doit-elle lui cacher sa ten-
« dresse, de peur qu'il n'ait à lui reprocher une
« flamme trop facile ? Avec quelle attention
« doit-elle déguiser sa défaite, et renfermer
« dans son cœur un secret qui veut s'échapper. »

Car en vérité, Damon, quelque innocente

que soit la passion d'une femme d'honneur
quelque discret et honnête que soit l'amant,
la femme sent dans son cœur je ne sais quels
remords, lorsqu'elle pense aux faveurs qu'elle
vient d'accorder. Pour moi, je ne me rappelle
jamais les doux entretiens que j'eus avec Damon, sans rougir à l'instant, et sans éprouver
un sentiment pénible. Je soupire lorsque je
me souviens de lui avoir souvent serré la main,
et je me reproche cet amour criminel que je
lui montrais en voulant toucher son cœur. Cette
découverte m'attriste, quoique je sois charmée en même temps du plaisir que je goûtais.
Le souvenir de cet excès d'amour porte le dé-
sordre dans mon âme. Cette inquiète agitation
me prouve, mieux que tous les raisonnements,
que notre sexe ne saurait avoir trop de réserve. Combien de fois ne me suis-je pas dit à
moi-même dans ces occasions :

« Quoique Damon joigne à la beauté toutes
« les vertus du sage, quoique les qualités de
« son esprit et de son cœur puissent échauffer
« l'âme la plus froide, cependant lorsqu'il
« connaîtra ma faiblesse, son amour se chan-
« gera en simple reconnaissance. Risque-t-on
« sa fortune au jeu contre quelqu'un qui n'a
« plus rien à perdre ? »

Neuvième Heure

DESSEIN DE NE PLAIRE A PERSONNE

Il est temps de vous lever : ma pendule vous avertit qu'il est neuf heures. Si vous restez encore au lit, vous êtes le plus paresseux des hommes. N'oubliez pas que je suis absente et qu'il est par conséquent inutile de faire une toilette brillante.

« Dites-le moi, Damon, quel peut être le « dessein d'un amant qui s'habille avec pré- « tention pendant l'absence de sa maîtresse ? « Pourquoi cette frisure élégante ? Pourquoi « cette cravate plissée avec tant de soin ? « Pourquoi ce gilet brodé ? s'il n'aspire à au- « cune conquête, si une nouvelle beauté n'oc- « cupe pas son cœur ? Que les petits-maîtres, « dont le talent consiste à être propres et pim- « pants, s'habillent d'une manière ridicule ; « le sage ne connaît pas tous ces artifices : ce « se sont les livrées de la folie. »

« Souvenez-vous, Damon, qu'Iris est ab- « sente. Dites, en soupirant, à votre valet de « chambre : Les parfums me sont inutiles au-

« jourd'hui, je ne veux pas briller; vos soins
« seraient superflus; je ne verrai pas Iris. Que
« ma parure négligée n'ait rien qui puisse
« plaire; faites seulement qu'elle ne choque
« personne. »

Dites-vous à vous-même, en vous habillant :
O ciel! si je pouvais voir Iris aujourd'hui!
mais non, c'est impossible. Je ne verrais que
des objets indifférents, puisque Iris est la seule
personne que mon cœur brûle de rencontrer.

SOUPIRS.

« Ah! charmant objet de mes vœux! Ah!
« douce idée d'un bonheur éloigné que je ne
« puis goûter qu'en songes! Plaisir trop court
« dont je ne suis redevable qu'à mon imagi-
« nation! Mais lorsqu'à mon réveil je m'aper-
« çois, Iris, que tu es absente, et qu'avec toi
« je suis privé de tout ce que j'adore, de
« quelle douleur poignante mon tendre cœur
« est navré! Quelle tristesse s'empare de mon
« âme. Loin d'Iris, peut-il être quelque plai-
« sir? La beauté obtient à peine de moi de
« simples marques de respect, puisque je ne
« vois pas Iris dans la foule. Hélas! pourquoi

« m'habiller ! Pourquoi paraître en public !
« Celle à qui je veux plaire est absente. »

Voilà, Damon, les pensées qui doivent vous
occuper pendant l'heure de votre toilette.
Vous êtes trop bon connaisseur en amour pour
ignorer qu'un amant, lorsqu'il cesse d'être
heureux en pensant à sa maîtresse, ne tarde
pas à la voir d'un œil d'indifférence. Leur conversation devient bientôt languissante. C'est
en vain qu'ils cherchent de nouvelles manières de plaire; ils ont perdu mutuellement
tous leurs charmes : leur esprit n'a plus d'a-
grément.

Dixième Heure

LECTURE DES LETTRES

Allons, retirez-vous dans votre cabinet. Vous
venez de passer une heure à vous habiller; et,
pour un amant qui ne doit pas voir sa maîtresse, une toilette d'une heure est trop
longue. Mais je veux bien croire que vous ne
pensiez nullement à votre parure. Ne perdez
plus un moment; ouvrez votre bureau, et lisez
quelques-uns de ces billets que vous avez re-

çus de moi. Oh! quel plaisir pour le cœur d'un amant, lorsqu'il lit les lettres d'une maîtresse qu'il adore.

« Qui, mieux qu'un amant, peut exprimer
« la joie, l'inquiétude, la tendresse, qui agi-
« tent un cœur amoureux, pendant la lecture
« d'une lettre chérie? Ravissements divins
« qui ne sont connus que d'un amant! Qui,
« mieux que lui, peut rendre ces tremblements,
« ces craintes, ces soupirs, ces larmes de joie,
« ces transports délicieux, lorsque l'amante
« fait l'aveu de sa flamme, et cet abattement
« cruel qui l'anéantit, lorsqu'il ne trouve dans
« sa lettre que froideur et indifférence? Qui,
« mieux qu'un amant, peut donner une idée
« de cette flamme active et de cette chaleur
« douce et modérée, qui, tour à tour, con-
« sument et animent le cœur. »

Quel que soit, Damon, le style de mes let-
tres, interprétez-les favorablement. Peut-être quelques-unes ont-elles un air de froideur, bien différent de la douceur ordinaire des autres : mais, en les lisant, croyez que l'honneur et la modestie de mon sexe, peu d'accord avec mon cœur, guidaient ma main. Regardez-
les comme une expiation pour toutes celles qui furent trop obligeantes. Au reste, si vous

trouvez quelquefois des expressions un peu dures, dont je vous prie de ne pas accuser mon cœur, elles seront suivies de quelques lignes favorables.... Ne vous y trompez pas, l'amour sourit toujours; il flatte agréablement et daidaigne la tyrannie de l'honneur et de la coutume qui asservit notre sexe. En dépit de moi, l'amour vous fera voir qu'il règne souverainement dans mon âme.

La lecture d'un billet doux peut vous occuper une heure. En vérité, je me reproche quelquefois la longueur de mes lettres; mais, malgré tous mes scrupules, je me sens disposée à vous donner fréquemment ces marques de ma tendresse. Si la vôtre pour moi est aussi grande que vous me le dites, vous devez mille fois baiser mes lettres, les lire avec attention, et en peser toutes les expressions. Il est plus facile à un amant d'obtenir de sa maîtresse mille paroles tendres et gracieuses, qu'un simple billet. On dit de vive voix mille jolies choses à un amant, qu'on craindrait d'autoriser par sa signature. Mais lorsqu'une fois un amant a amené sa maîtresse à ce degré d'amour, il doit être sûr qu'elle l'aime au-delà de toute expression.

« L'air emporte les discours légers et incon-

« sidérés des amants ; mais les lettres sont
« des témoins constants et éternels. L'amant
« y lit clairement les motifs de son espoir.
« Les lettres subsistent encore lorsque l'air
« a dissipé les paroles. »

Je suis persuadé, Damon, que vous comptez
sur tout ce qu'il y a d'agréable dans mes
lettres, que vous êtes enchanté du plaisir
qu'elles vous procurent, et que cette heure de
lecture vous paraît trop courte. Je souhaite
que votre plaisir soit extrême, et que la douleur de mon absence ne l'altère en aucune
manière. Je souhaite aussi qu'àla fin de votre
lecture, après quelques voluptueux soupirs,
vous vous disiez à vous-même :

« O Iris ! puisque, loin de votre amant, vous
« blessez et chauffez ainsi son âme, je bénis
« les tourments de l'absence qui me donnent
« des preuves si chères de votre bonté. Lors-
« que je vous vois, ce trésor précieux ne
« satisfait que mes regards avides ; maintenant
« que vous êtes absente, il est tout entier en
« ma possession. »

« O jour fortuné où j'étais languissant aux
« pieds d'Iris, où mes prières et mes larmes
« lui arrachèrent la permission de l'aimer !
« Je me crus alors plus heureux que les

« immortels. Mais aujourd'hui, fille char-
« mante, vous m'apprenez que l'absence pro-
« cure mille jouissances que l'amant ne peut
« goûter lorsqu'il est près de sa maîtresse. »

Puissiez-vous terminer la lecture de mes
lettres par ce petit transport! Fermez votre
bureau ; sortez de votre cabinet : mon amour
vous a conduit à onze heures.

Onzième Heure

HEURE D'ÉCRIRE

Quand ma pendule ne vous avertirait pas
qu'il est temps de m'écrire, je crois que votre
cœur, qui connaît l'accueil que je fais à vos
lettres, vous conseillerait de ne négliger
aucune occasion de me plaire. N'allez pas dire
que c'est trop d'une heure, et qu'il n'est plus
du bon ton d'écrire de longues lettres. Je
conviendrai avec vous, Damon, que dans un
simple commerce de galanterie, un compli-
ment court et précis a beaucoup plus de grâce ;
mais, en amour n'avons-nous pas à nous dire
mille folies qui ne signifient rien par elles-
mêmes, et qui, pour nous, ont un très grand

sens? car il est une éloquence particulière à un amant, et inintelligible pour tout autre. Ces expressions ont pour nous mille grâces et milles douceurs, tandis que des personnes indifférentes les regardent au moins comme des futilités. Mais, Damon, pour nous, qui jugeons assez bien des beautés de l'amour, notre œil n'est-il pas plus perçant que celui du vulgaire. Chaque phrase, chaque ligne, ne peuvent-elles pas nous offrir des choses charmantes, qu'un excellent littérateur n'y découvrirait pas? L'amour n'a pas été élevé dans les cours, il est né dans les hameaux. Nourri dans les bocages, et à l'ombre des bois, il sourit dans les plaines, et folâtre sur le bord des ruisseaux, sans ornement et sans défense. Qu'il soit, Damon, votre seul guide. Ne consultez point votre esprit; renoncez au style élégant des académies, et n'écoutez que l'amour et la nature. Réservez les fleurs de la littérature pour vos entretiens avec des hommes d'état ou de robe. Qu'Iris possède votre cœur dans sa simple innocence : c'est l'éloquence qui persuade le mieux une amante. Tels sont les avis que je donne à un amant, s'il veut réussir dans ses amours. Il est difficile de plaire à mon cœur, et je viens de tracer la route qui peut y conduire.

AVIS AUX AMANTS

« Amants, prenez Damon pour modèle et
« pour guide, si vous voulez obtenir le cœur
« de votre maîtresse. Il vous indiquera les
« endroits que l'on peut attaquer avec succès,
« et le lieu où l'honneur se retranche sous
« une faible garde.

« Lorsque vous êtes auprès de votre amante,
« parlez peu. Que vos soupirs et vos yeux
« annoncent l'état de votre âme. Cette rétho-
« rique est plus persuasive que la parole; car
« les mots servent plutôt à montrer de l'esprit
« que de l'amour.

« Que vos regards fassent l'histoire de votre
« cœur, vos discours ne pourraient que l'al-
« térer. C'est par les yeux que les âmes se
« communiquent tous leurs secrets. Une
« larme, un soupir, une main doucement
« pressée, tout est intelligible pour une
« amante.

« Si vous êtes obligé d'avoir recours à des
« paroles pour exprimer votre peine, que vos
« plaintes soient douces, timides, et lentement
« prononcées; n'achevez pas... que vos regards

« disent le reste. Tel fut l'art de Damon et je
« rendis les armes. L'homme d'esprit échoue,
« et l'amant modeste est vainqueur.

    « Sachez qu'en passant la journée assis
« auprès de votre maîtresse, occupé à la regar-
« der, inquiet de votre destinée, vous obtenez,
« par votre silence, plus davantages qu'un
« petit-maître avec tout son babil. Lorsque
« vous l'aurez quittée, dites-lui tout ce que
« l'amour pourra vous inspirer. Que votre
« âme modeste rejette le voile qui la couvre;
« donnez carrière à l'amour et à la vérité;
« que vos lettres amoureuses joignent la force
« de l'expression au feu de la jeunesse. Ne
« cachez rien, vous avez trop d'aveux à faire.»

    O Damon, combien de fois ne m'avez-vous
pas fait goûter ce doux plaisir! Vous connaissez trop bien ma tendresse, pour ne pas
sentir combien vos longues lettres ont de
charmes pour moi.

L'INVENTION

    « Ah! le premier qui apprit aux âmes cet
« art ingénieux de s'entendre sans se parler,
« fut sans doute un être surnaturel. C'est en

« vain que les mortels insensés veulent attri-
« buer aux savants le mystère sacré des lettres,
« et priver un dieu de cette gloire; l'art
« d'écrire fut inventé par l'amour, et Psyché
« fut la première belle qu'un billet doux
« subjugua. »

L'esprit de l'homme est trop borné pour oser
prétendre à cette ingénieuse invention. Cet
art charmant ne peut avoir pour inventeur que
le dieu d'amour lui-même. Mais, Damon, je
ne prétends pas exiger de vous des lettres de
galanterie, qui ne brillent pour l'ordinaire que
par de jolies pensées et n'annoncent que de l'esprit et de la subtilité. Je veux que les vôtres
soient toujours tendres, et d'un amour sans
affectation, que les mots n'en soient point choisis, et que les pensées en soient naturelles. Je
désire dans votre passion plus de douceur que
d'esprit, plus de naturel que d'art. Je veux un
amant plutôt qu'un poète.

N'allez pas m'écrire de ces petites lettres
qu'on lit en une minute. En amour, les longues lettres procurent de longs plaisirs. Je
vous l'ai déjà dit, ne vous occupez point du
style; qu'il vous importe peu de renfermer
beaucoup d'esprit et de sens en quelques
lignes. Il ne s'agit pas de billets d'esprit.

Persuadez-vous, Damon, que ce qui plaît à l'âme plaît à l'œil et que la longueur de vos lettres m'offensera beaucoup moins que leur brièveté. Une lettre est, auprès d'une maîtresse, l'agent le plus puissant : elle persuade presque toujours ; elle renouvelle des impressions faiblement gravées, que l'absence effacerait peut-être. Faites usage, Damon, du temps que je vous accorde, et remerciez-moi de la permission que je vous donne. Peut-être ne serai-je pas toujours d'humeur à le souffrir ; et il peut arriver que, par un coup du sort et de la fortune, vous soyez privé en même temps et de ma présence et des moyens de m'écrire. Je veux bien croire qu'un tel accident serait un grand malheur pour vous ; car je vous ai souvent entendu dire que, pour tourmenter cruellement l'amant le plus heureux, il suffisait de lui interdire la vue de son amante, et de lui défendre de lui écrire. Ne négligez aucun de vos avantages : vous ne pouvez me donner trop souvent des marques puissantes de votre passion. Écrivez-moi tous les jours à cette heure-ci. Je vous permets de croire que rien ne peut vous rendre plus agréable à mes yeux pendant mon absence. C'est pour moi un remède contre la douleur, la mélancolie et le désespoir. Si vous employez plus d'une heure, n'en rougissez pas. Le temps que vous passerez à remplir ce devoir gracieux est celui dont ma reconnaissance saura vous récompenser. Vous ne devez cependant pas négliger le ciel pour votre amante. Ma pendule vous dit qu'il est temps d'aller au temple.

NILII

DEVOIR INDISPENSABLE

Il est certain devoir que l'on ne doit jamais négliger. Tel est celui d'adorer les dieux; ils méritent nos sincères hommages. Le temps, Damon, que vous emploierez à prier, est le seul où je vous dispense de vous occuper de moi. Mais je ne veux pas que vous alliez à un de ces temples où se rassemblent en foule les beautés fameuses, et ceux qui font profession de galanteries, qui ne vont là que pour voir et être vues, et plutôt pour étaler leurs charmes et leurs habillements, que pour honorer les dieux. Si vous voulez m'en croire, si mes désirs sont pour vous des ordres, allez dans

un des temples le moins fréquentés ; paraissez-y
pénétré de respect et de vénération pour les
choses sacrées.

INSTRUCTION

« Si vous voulez, Damon, que votre cœur
« ne change pas, et que votre flamme soit
« toujours la même, ne vous exposez pas à
« de nouveaux traits. Si la beauté arrête vos
« regards, vous aimerez sans vous en aper-
« cevoir. Pour être fidèle à votre Iris, il ne
« faut consulter que votre cœur.

« Si quelque nouveau désir s'allume dans
« votre âme trop facile, fuyez le danger qui
« vous menace. Combattez ces idées funestes,
« et bientôt elles s'affaibliront.

« N'allez pas au temple dans le dessein de
« voir et de vous montrer. Le cœur que l'on
« présente à l'autel ne doit s'occuper que du
« ciel. La feinte est inutile en présence de
« l'Etre Suprême : on peut tromper les hom-
« mes ; mais l'âme n'a rien de caché pour Dieu.

« Prenez-y bien garde : le sexe est sédui-
« sant ; ne vous amusez pas à le contempler.
« Ne jetez qu'un joli coup d'œil sur ces char-

« mes, que vos yeux ne se fixent pas sur un
« même objet; et, de peur de surprise, pen-
« sez qu'Iris est supérieure à toutes les beau-
« tés que vous voyez. Oui, Damon, tu me
« préféreras à toutes les créatures, et je n'au-
« rai que le ciel pour rival. »

Première Heure

ACCUEIL FORCÉ

Je sens qu'il vous sera fort difficile de quitter le temple sans être environné d'une foule
d'amis qui viendront vous complimenter; de
nouvellistes, espèce d'homme qui s'occupe,
s'afflige et se réjouit de mille choses qui lui
sont étrangères. Vous serez assailli par des
petits-maîtres et des politiques, qui, pour
toute occupation, recueillent les nouvelles de
la ville, les exagèrent, ou les diminuent, selon
le fond de leur esprit, et les débitent à ceux
qui sont assez simples pour les croire. Je
crains aussi pour vous la rencontre de ces
raconteurs d'aventures, qui ne parlent que
d'intrigues, et donnent à mille personnes,
sous la foi du secret, des niaiseries qu'ils

viennent d'apprendre; semblables à ces coquettes, qui, privées de la jeunesse et de la beauté, ont recours à l'esprit pour conserver un faible empire sur les cœurs, et dont je vais vous tracer le caractère.

LA COQUETTE

« Milande, qui n'était pas une beauté à
« quinze ans, fut toujours amoureuse et com-
« plaisante. Jamais elle ne ferma l'oreille aux
« doux propos des bergers. Elle était libre
« comme l'air, mais fausse comme le vent.
« Personne ne se plaignait de sa sévérité. Ses
« amants vantaient plutôt son indulgence
« qu'ils ne gémissaient de ses cruautés.

« On la voyait aux promenades les plus
« fréquentées. Les jeunes gens quittaient le
« vert gazon pour la suivre. Elle savait les
« flatter tous avec une grâce égale et, follement
« orgueilleuse de tous leurs compliments,
« elle annonçait la vanité de son cœur par
« son sourire, ses regards et le ton élevé de
« sa voix.

« Elle aime à faire des confidences à tout
« le monde. Elle dit à l'oreille, comme un

« secret, tout ce qu'elle sait, et elle a la pré-
« tention de vouloir tout connaître. Elle traite
« en ennemies les femmes qui la surpassent en
« beauté, et elle prodigue son amitié aux jeu-
« nes gens d'une figure charmante. Le ton
« bruyant et l'impertinence passent chez elle
« pour esprit et jeunesse. Coquette en tous
« points, sans beauté et même sans art, elle
« prétend encore à l'amour et à la galanterie. »

Rien de plus dangereux, Damon, que ces
sortes de créatures. Je ne crains pas que
Milande subjugue votre cœur ; mais, malgré
vous, elle saura vous retenir par mille impertinences, et son éternel babil vous fera perdre un temps que vous me devez. Elle passe
pour avoir de l'esprit et du jugement ; et
une femme à prétentions est à mes yeux, l'être
le plus désagréable. Si elle était instruite de
notre correspondance, elle m'en ferait certainement un crime. Peut-être me plaisante-
rait-elle sur cette passion : ce serait alors me
traiter comme une amie, car, lorsqu'elle veut
diffamer, elle a recours à un éloge maladroit.
Peut-être vous dirait-elle froidement que vous
êtes heureux de posséder le cœur d'une personne
telle que moi ; qu'Iris est belle et qu'elle est éton-
née qu'elle n'ait pas un plus grand nombre

d'amants; et que, si tous les hommes pensaient comme elle, vous auriez plus de rivaux. Elle fera l'éloge de ma figure, mais elle ajoutera que j'ai des yeux bleus; que mon teint pourrait être plus animé; que ma taille n'est pas assez mince; et que mon esprit charmerait, si je ne connaissais pas tout son pouvoir. Iris, conclura-t-elle, est assez bien. Alors, sans vous donner le temps de dire quelques mots pour ma défense, elle quittera cet entretien pour vous parler d'elle-même. Elle va vous dire de combien d'amants elles est excédée, de combien de billets doux on la fatigue tous les jours! Je l'entends qui vous vante l'art avec lequel elle se conduit. Elle veut vous faire concevoir d'elle la meilleure opinion. Elle l'achèterait au prix de son repos et de sa réputation; ce n'est cependant que par vanité, et pour grossir le nombre de ses amants. Lorsqu'elle voit un nouveau petit-maître, elle commence par s'informer de l'état de sa fortune; si son bien peut contenter sa vanité, elle lui fait des avances, et ne néglige aucun de ces petits artifices qu'elle sait mettre en usage pour captiver ses adorateurs. Elle s'habille, et compose son extérieur selon le goût du jeune homme.

En vous traçant ce caractère, Damon, je n'ai prétendu vous désigner personne en particulier ; ainsi je ne vous dirai pas qui vous devez éviter. Fuyez, je vous prie, toutes celles qui pourraient ressembler à ce portrait. Si un malheureux hasard vous en fait rencontrer, n'écoutez ce qu'elles disent qu'autant que la décence vous le permettra ; n'ayez pas l'air d'approuver leur impertinence : prenez garde aussi de leur donner occasion de vous censurer. Mais c'est perdre trop de temps à écouter les nouvelles dont ces sortes de personnes vous fatigueront. Leur occupation est d'être oisives. Que peuvent-elles vous dire d'intéressant ? Damon, un amant parfait ne demande jamais de nouvelles que de sa maîtresse.

« Damon, si vous aimez véritablement le
« cœur dont vous êtes le maître, dites-moi
« quel intérêt peut avoir pour vous tout autre
« objet que celui de votre tendresse ? Quel
« est l'homme qui cherche à s'occuper des
« affaires d'une femme pour laquelle il ne
« sent aucune affection ?

« Si une amante est curieuse de connaître
« si son amant est sincère, qu'elle sache ha-
« bilement exciter sa curiosité. Quelques

« froides que paraissent ses questions elles
« partiront d'un cœur brûlant. Lorsque j'en-
« tends un berger, demander comment 'se
« porte la vive Mélinde ; je conclus que son
« cœur est passionné pour elle, ou au moins
« que cette question signifie : *Mon cœur est*
« *libre et veut être occupé.* »

Deuxième Heure

DINER

Quittez toutes ces folles conversations, ou
craignez de me désobliger. Le dîner vous at-
tend, mon Cupidon vous l'annonce. L'amour
ne prétend pas vous le faire oublier, et ce
n'est pas à moi à vous ordonner la diète. Je
vous permets de tout ce que vous jugerez à
propos ; et c'est peut-être la seule heure où
je vous livre à vous-même avec la permission
de ne pas même penser à moi. Il est vrai que
je ne voudrais pas que vous eussiez à table
devant vous un objet charmant : car les paroles, les regards, le sourire d'une jolie femme
ont mille petites grâces qui enchantent si l'on
permet à ses yeux de la contempler. Vous y

trouveriez du plaisir, peut-être malgré vous ; et, quand ce serait sans dessein, vous faites croire à la belle qui vous charme, que vous ne vous êtes ainsi placé que pour la regarder. Elle affecte alors mille petits airs qui ne lui sont point naturels, pour achever une conquête qu'elle s'imagine avoir commencé si heureusement. Elle donne de la douceur à ses yeux et à sa bouche ; on aurait peine à la reconnaître, tant elle est différente d'elle-même ; et, en fixant sans cesse ses regards sur elle, vous excitez sa vanité, et augmentez la bonne opinion qu'elle a de ses charmes. Si par hasard elle sait que j'ai des droits sur votre cœur, elle s'énorgueillit au moins d'avoir attiré votre attention, et peut-être se persuade-t-elle qu'elle viendrait aisément à bout de vous subjuguer ; peut-être son imagination lui promet-elle un triomphe facile. Souvenez-vous, Damon, que dans vos entretiens avec d'autres beautés, chaque regard, chaque mot dont vous les favorisez, est un outrage fait à ma réputation. Plus vous leur inspirez de vanité, plus mon honneur se trouve attaqué ; car louer les charmes d'une autre, c'est rabaisser les miens. Si vous dînez en compagnie, faites comme tous les convives ; soyez

honnête pour tout le monde, sans attentions
particulières. Soyez gai, plaisant : riez tant
qu'il vous plaira, car ce n'est pas là l'heure
de la mélancolie.

« Mon cher Damon, quoique je marque des
« bornes à votre amour, je ne prétends pas
« en mettre à vos plaisirs. Divertissez-vous
« jusqu'à ce que le blond Phébus, aille se pré-
« cipiter dans les bras de l'amoureuse Thétis.

« Soyez toujours spirituel et gai. Que tous
« ceux qui sont à table avec vous soient en-
« chantés de vos propos joyeux. Que le fils
« de Vénus et le vieux Silène soient les divi-
« nités qui vous inspirent.

« Parlez de tout, puisque vous savez tout
« exprimer avec grâce. Mais si vous n'êtes pas
« disposé à la gaîté, passez cette heure en
« silence, et qu'alors Iris soit le seul objet de
« vos pensées. »

Troisième Heure

VISITES

Ma pendule, Damon, est plus juste que
vous ne l'imaginiez, elle ne veut pas que vous

viviez dans la retraite et dans la solitude, elle vous permet de sortir et d'aller faire des visites. Je ne ressemble pas à ces personnes qui croient que l'amour et l'amitié ne peuvent trouver place dans un même cœur. Je regarderais au contraire comme très malheureux celui qui serait obligé de renoncer à la société de ses amis aussitôt qu'il aurait une maîtresse. J'avoue que je serais fâchée qu'ils vous intéressassent autant que moi; car je connais un proverbe qui dit : *que pour être fervent en amour, il faut être un peu froid en amitié.* Vous savez que l'amour, lorsqu'il s'établit dans un cœur, y règne en tyran, et en bannit promptement l'amitié, si elle paraît vouloir partager son empire.

« L'amour est un Dieu charmant qui sou-
« met à ses lois le ciel, la terre et les mers.
« C'est une puissance qui ne veut pas recon-
« naître d'égale. Du ciel, où il prit naissance,
« il voulut régler l'empire de la terre. Jaloux
« du pouvoir souverain, il règne despotique-
« ment dans les âmes. »

Je ne voudrais pas que vous eussiez cette espèce d'amitié que l'on ne doit avoir que pour une maîtresse ; car souvent les sentiments deviennent trop tendres pour des amis trop aimables, et quelquefois l'amour et l'amitié se confondent tellement, qu'il est difficile de les distinguer. J'ai connu un homme qui croyait n'avoir que de l'estime pour une femme à laquelle il était attaché depuis longtemps. On fait à cette femme des propositions de mariage ; alors la jalousie et le dépit prouvent clairement à cet homme que ce qu'il prenait pour complaisance ou amitié, n'était autre chose que de l'amour. Veillez sur vous, Damon, car de telles amitiés sont dangereuses. Non pas que je veuille condamner un amant à n'avoir pas d'amies généreuses qu'il puisse visiter ; et peut-être vous estimerais-je moins, si je ne vous croyais pas digne d'être aimé de telles personnes, et si je n'étais assurée que ce sont des amies, et non pas des amantes. Mais n'allez pas sous ce voile cacher une maîtresse, ni, sous ce prétexte, subjuguer le cœur d'une femme ; car souvent on commence par l'amitié et on finit par l'amour. Je serais également affligée que vous devinssiez amoureux, ou qu'une femme brûlât pour vous. Quoique vous accusiez notre sexe d'avoir seul toute la vanité en partage, je m'aperçois souvent que la nature vous en a accordé une portion très considérable. Vous rougissez d'en convenir : faites-

vous cependant une conquête, vous montrez
plus de vanité que la plus coquette des
femmes. Vous méprisez, il est vrai, la victime;
mais vous la regardez comme un trophée
érigé à votre réputation. J'ai vu un homme
s'habiller, et composer son visage et son extérieur, pour faire visite à une femme qu'il
n'aimait pas, et qu'il ne pouvait aimer; il
voulait, seulement, par vanité, conquérir un
cœur qui n'était pas même digne des petites
peines qu'il prenait. Pourquoi acheter ainsi
péniblement aux dépens de son honneur et
de son repos, le titre de petit-maître vain et
ridicule, et d'homme sans probité? En effet,
ne vouloir inspirer de l'amour que pour
satisfaire son humeur curieuse et sa vanité;
n'employer, pour parvenir à son but, que des
regards, des soupirs et des louanges outrées
que le cœur ne dicte pas, est-ce le rôle d'un
honnête homme? N'est-ce pas en imposer par
son extérieur, par tous ses mouvements, et
par des grâces empruntées? L'homme sage
et vertueux ne connaît point tous ces artifices ;
cette bassesse et ces fourberies n'appartiennent
qu'aux petits-maîtres de la ville. Qu'une femme
trompe pour gagner le cœur d'un homme
qu'elle veut s'attacher, vous lui en faites un

crime, sans penser que vous êtes mille fois plus coupables. Mon amant, après un tel rôle, croirait en vain m'apaiser, en me disant qu'il voulait seulement essayer le pouvoir de ses charmes; et que je ne dois pas être fâchée qu'il ait inspiré de l'amour à d'autres femmes, puisqu'il n'a aimé que moi seule.

O plaisir insensé ! Qui oserait se procurer un tel bonheur ! Qu'il est faible l'amour que vous avez pour votre maîtresse, si vous êtes assez imprudent de vouloir en inspirer à mille autres femmes, et vous prétendre même insensible à leurs attraits ! Mais, Damon, ce reproche que je vous fais convient moins à vous qu'à votre sexe. Quoique la nature, en formant les hommes, oublie quelquefois la vanité, c'est un ingrédient dont on peut dire que vous avez au moins une teinte légère. Peut-être ne suis-je pas entièrement exempte de ce levain ; et je puis m'accuser de ressentir souvent une joie secrète d'être adorée, quoique je haïsse mon adorateur. Mais si un tel plaisir flatte mon cœur, je sens sur mes joues une honte criminelle qui bientôt détruit ce faible triomphe. Ma vertu plus ferme surmonte aisément ma faiblesse et mon indiscrétion. Puisse Damon

3

être animé des mêmes sentiments! car, s'il avait
un de ces criminels attachements dont je viens
de me plaindre, je n'aurais nulle pitié de lui !

« Damon, si vous voulez que je sois sincère,
« guidez mes pas; je suivrai votre exemple
« plutôt que mon orgueil. Les préceptes de la
« vertu sont trop faibles, l'exemple seul peut
« entraîner.

« Tracez-moi la route que je dois suivre;
« avec un tel guide, je ne puis m'égarer. Si
« vous êtes vrai, mon honneur n'a rien à re-
« douter; si votre conduite est fausse, je sau-
« rai me venger de votre perfidie.

« Un amant vrai, une fille sincère, sont
« deux êtres surnaturels. Un amour légitime
« et honnête peut seul rendre heureux. Celle
« qui ne règne pas seule dans un cœur, ne
« peut être sûre de sa conquête. »

Quatrième Heure

CONVERSATION GÉNÉRALE

Vous trouverez à quatre heures plusieurs
personnes chez vos amis; et comme vous n'allez pas les voir pour ne leur rien dire, vous

vous mêlerez dans la conversation. Souvenez-
vous que vous ne devez parler que de choses
générales; car il n'est pas nécessaire que votre
ami devienne le confident de vos amours. Si
j'apprenais que vous ayiez été assez indiscret
pour lui révéler mille choses que je vous ai
confiées, j'en ressentirais la plus vive douleur.
Nos secrets sont à la vérité des bagatelles;
mais les secrets des amants doivent être res-
pectés. N'est-ce pas le comble de l'indifférence
ou de l'indiscrétion que de répéter d'un ton
trop gai les choses tendres et gracieuses
qu'une maîtresse a dites à son amant? Combien ces précieuses bagatelles ne perdent-
elles pas de leurs grâces, en passant par la
bouche d'un autre? Ce n'est plus ce son de
voix enchanteur, ce n'est plus cet air ravis-
sant, qui leur donnaient un prix inestimable.
L'amour est la chose du monde la plus sérieuse,
et les propos de l'amante sont peut-être rap-
portés d'un ton folâtre. L'amant, dont la voix
ne fut pas formée pour la tendresse, ôte peut-
être aux douces expressions de sa maîtresse
ce charme sans lequel elles ne signifient plus
la même chose. Vos discours, Damon, touchent
mon âme, les miens produisent le même effet
sur la vôtre; et peut-être le monde léger, qui

ne réfléchit pas, les interpréterait-il d'une manière défavorable? L'amour d'ailleurs porte avec lui je ne sais quoi de sacré, qu'il n'est pas permis de profaner. Lisez l'ode que je vous envoie; les dernières lignes, aussi énergiques que vraies, vous convaincront de cette vérité.

INVITATION

« Ne crains pas, Amynte, de faire l'aveu
« de ta tendresse. Ne déguise pas à ton amant
« ce que tes yeux aimables savent si bien
« exprimer. Viens, dépose dans mon cœur
« palpitant ce secret que ta bouche n'ose pro-
« noncer. Pourquoi prolonger les tourments
« d'une âme qui devine ce que tu veux lui
« communiquer? Calme mon inquiétude, dis-
« sipe mes doutes, et fais-moi connaître la
« source de tes soupirs et de mon bonheur.

« Pourquoi crains-tu de découvrir un mys-
« tère dont dépend la vie de ton amant? C'est
« en vain que tu veux garder le silence, tes
« regards, la rougeur qui couvre ton visage,
« tous tes mouvements trahiront ce secret
« qui doit ravir mon âme. Mais quel plaisir

« pour mon cœur, si la voix de mon amante,
« si ses soupirs me faisaient cet aveu pé-
« nible. »

« Viens dans les forêts, dont les rameaux
« touffus sont impénétrables aux rayons du
« jour ; viens, elles sont calmes et silencieuses,
« tu pourras y parler librement de ton amour.
« Le zéphir seul sera témoin de ta rougeur,
« tandis que ton amant, le regard animé d'une
« joie respectueuse, immobile à tes pieds,
« écoutera attentivement toutes les paroles
« que ta bouche prononcera, ton cœur sera le
« fidèle et discret dépositaire de ce précieux
« trésor. Souviens-toi, chère Amynte, que les
« plaisirs de l'amour s'évanouissent à l'instant
« même où ils cessent d'être inconnus. »

Rien n'est plus vrai que cette dernière réflexion. L'amour cesse d'être un plaisir, lorsqu'il cesse d'être un secret. Le monde juge pour
l'ordinaire assez mal de l'amour, parce qu'il
n'en a que de fausses idées. L'amour, comme
le dit un duc célèbre, ressemble aux revenants,
tout le monde en parle, personne ne les a vus.
Il n'est personne qui ne se croie maître en
l'art d'aimer tandis que c'est la chose la plus
difficile et qui exige l'âme la plus délicate.
L'amour craint de se faire connaître au stu-

pide vulgaire. Il ne se communique qu'aux hommes d'une finesse d'esprit peu commune. S'il passe chez les autres, il n'y fait pas un long séjour. L'amour peut en imposer à tous les cœurs, car c'est le plus grand flatteur du monde. Il sait persuader à chacun qu'il est du nombre de ses élus : chacun croit le reconnaître parfaitement, tandis qu'il ne se découvre qu'aux esprits les plus raffinés. De cette différence d'amour, procèdent mille bizarres maximes : toutes différentes les unes des autres. De là vient que l'on regarde comme un crime ce qui, aux yeux d'un autre, n'est qu'un plaisir innocent. Soyez persuadé, Damon, que tous vos confidents blâmeront votre amour, et croyez que l'amant le plus chéri d'Iris sera toujours le plus discret.

C'est aussi dans ces assemblées que l'on trouve de ces personnes indiscrètement honnêtes, qui croient vous rendre service en vous apprenant que telle ou telle personne a de l'inclination pour vous; qui vantent vos excellentes qualités, bien propres à vous concilier l'attention du beau sexe, si vous voulez marcher où l'amour et la bonne fortune vous appellent. C'est là qu'on vous dira que la constance est nuisible à la jeunesse, qui pourrait mieux mettre à profit le temps trop court des plaisirs. Mille impertinences de cette espèce vous inspirent une vanité qui fait tort à la réputation d'homme discret que déjà vous vous êtes acquise. Je ne veux pas, Damon, que vous suiviez alors l'exemple de tant de petits-maîtres qui, dupes de la flatterie, s'imaginent qu'on leur parle sérieusement, remercient par un sourire avantageux, et laissent prendre sur leur conduite un ascendant tel qu'ils n'osent plus agir sans l'approbation de ces fades louangeurs. Quant à moi, je ne condamnerais pas un amant qui répondrait quelque chose de vif à des hommes trop honnêtes, et qui leur conseilleraient de s'adresser à des fous, qui seuls peuvent les écouter. Faites alors, Damon, l'aveu de votre passion, sans qu'il soit nécessaire de désigner l'objet qui vous a charmé. Vous pouvez dire que vous brûlez d'amour, sans avouer que vous êtes aimé ; car, tant que votre cœur paraîtra libre, vous verrez ces *courriers d'amour* employer tous leurs artifices pour faire de vous un prosélyte. Pour votre propre réputation, pour mon repos et mon honneur, évitez de telles conversations, car elles ne sont ni sûres pour vous, ni agréables pour moi; et croyez-moi,

Damon, un véritable amant n'est curieux que de ce qui concerne sa maîtresse.

Cinquième Heure

VISITES DANGEREUSES

Je crains que ces amis intrigants ne vous obligent à les suivre chez certaines dames de leur connaissance. Ma pendule ne vous le défend pas. Je crois cependant avoir le droit de vous dire que de telles visites me paraissent dangereuses ; et j'ai bien peur que, malgré tous vos soins et toutes vos précautions, vous ne me donniez encore quelque sujet d'inquiétude. Vous me diriez peut-être que ce sont des visites de civilité. Certainement, si je pouvais me persuader que vous n'avez pas d'autre dessein, je ne m'aviserais pas de vous le défendre; ce serait pousser un peu trop loin ma prudence amoureuse. Seulement, tenez-vous sur vos gardes; car la plupart des femmes ne cherchent que des cœurs à conquérir : toutes leurs honnêtetés sont intéressées, et elles ne font rien sans dessein. Lorsque vous avez avec elles une conversation, craignez toujours un *cer-*

tain je ne sais quoi, surtout si elles joignent
aux grâces de la figure les charmes de la
jeunesse et de la gaieté. J'avoue qu'alors il est
difficile de n'être pas un peu faible. Le moyen
le plus sûr de conserver votre fermeté, c'est de
croire que je lis toutes vos pensées, que j'ob·
serve tous vos regards, et que j'entends toutes
vos paroles.

LA PRÉCAUTION

« Mon cher Damon, si votre cœur est sensi-
« ble ne restez pas longtemps auprès d'une
« beauté, car il y a certains moments où l'es-
« prit cède à la force des charmes qui l'en-
« traînent. Il est, dans la destinée de chaque
« mortel, un instant fatal où l'amour qui nous
« épie, nous prend par surprise.

« L'amant tendre et constant agit toujours
« comme si sa maîtresse était témoin de toutes
« ses actions, comme si elle suivait toutes ses
« démarches, ou qu'elle connût l'intérieur de
« son âme. Prenez bien garde ; je suis loin de
« vous ; mais mon amour et mon génie veillent
« sur votre conduite. »

Je suis enchantée du remède avec lequel

vous croyez pouvoir vous défendre des attaques
de la beauté. Je vous remercie de me l'avoir
envoyé dans un de vos billets.

RÉCÈTTE POUR LA CONSTANCE

« Iris, pour garantir mon âme de tous les
« dangers, je pense à vous à chaque moment
« du jour. Lorsque je vois une figure char-
« mante qui s'attire tous les regards je me dis :
« Iris est mille fois plus belle ; et cette beauté
« ne fait alors sur moi aucune impression.
« Mes yeux, mon âme, mes sens, ne sont
« sensibles qu'au cher objet de mon amour. »

Mais, Damon, je sais que tous les amants
sont naturellement flatteurs, même sans s'en
apercevoir, parce que chacun se forme une
idée de la beauté selon son imagination. Peut-
être me direz-vous, pour vous excuser, que ce
n'est pas être flatteur que de dire à une femme
laide qu'elle est belle, si celui qui lui tient ce
discours en est persuadé. J'en conviens avec
vous ; et, si je parais charmante aux yeux de
Damon, que m'importe le suffrage des autres
hommes ? Il suffit, pour justifier son choix,
que ma figure n'ait rien de choquant. Que

votre imagination rehausse ma beauté, j'y consens; votre approbation me fait plaisir; mais je suis bien éloignée d'en tirer vanité. Damon peut croire que je suis belle, je ne me le persuaderais point pour cela. Ce n'est pas pour obtenir de vous de nouvelles assurances de tendresse et d'amour que je vous parle ainsi, quoique les contes d'amour soient les seuls qui ne nous fatiguent jamais lorsqu'on nous les adresse. Si je parais douter des choses trop avantageuses que vous me dites, ce n'est pas pour vous engager à enchérir encore sur vos compliments. Non, Damon, mon cœur ne connaît pas le déguisement; il ne peut vous cacher aucune de ses pensées; il est sincère et honnête comme les vœux qu'il forme. C'est donc lui qui vous dit qu'il n'ajoute pas foi à tous vos discours, quoique je sois persuadée qu'en parlant de mon caractère vous dites quelques vérités. Mais, lorsque vous avancez des choses que ni ma conscience ni mon miroir ne peuvent me persuader, vous me permettrez de croire, ou que vous vous imaginez que je serai assez vaine pour ajouter foi à vos discours, ou que vous êtes charmé que nos sentiments ne s'accordent pas sur ce point. Je ne sais si je ne ferais pas mieux de vous répondre par une pièce de vers, qu'une de nos amies envoyait à un homme qui la croyait indifférente, et qui cependant la flattait parce qu'il s'en croyait estimé. C'est une femme qui déteste la flatterie. Cependant, elle voyait avec peine que cet homme se crût plus favorisé qu'il ne l'était effectivement. Une nuit qu'il l'avait laissée pleine d'orgueil et de colère, elle fit les strophes suivantes, qu'elle lui envoya le matin au lieu de billet doux.

« Non, j'en atteste le ciel, je ne fus 'jamais
« orgueilleuse ; et puissé-je être plutôt l'objet
« de votre indifférence et de votre dédain, que
« de vos plaisanteries !

« Reprenez ces louanges frivoles que vous
« me prodiguez. Allez les débiter à quelque
« coquette plus complaisante, que votre esprit
« charmera, même en la tournant en ridicule.

« Dites-lui qu'elle a de l'esprit, qu'elle est
« aussi belle qu'aimable, et qu'elle possède
« tous les attraits qui subjuguent les cœurs ;
« peut-être croira-t-elle que vous êtes sincère ;
« mais, pour moi, je pense bien différemment.

« Pourquoi vous divertir aux dépens de mon
« bon naturel ? Hélas ! si vous prétendez m'a-
« muser, quels moyens avez-vous choisis ?

« Renoncez, Philandre, à cet art criminel ;

« votre esprit doit-il se jouer d'un cœur sensible
« et vrai ?

« La douceur accompagne l'esprit, et la
« compassion suit toujours l'humanité ; mais
« la flatterie est fille de l'orgueil, elle caresse
« pour être adorée.

« Lorsque vous souriez, lorsque vous donnez
« à votre tête des mouvements gracieux, c'est
« pour paraître plus accompli. Malgré toutes
« les grâces que vous déployez, votre esprit
« n'est qu'un imposteur.

« Plaisantez, appelez-moi coquette, et pour
« donner plus raison de croire à votre opinion,
« regardez comme vrai tout ce que vous pen-
« sez de moi, jurez même que je vous aime.

« Alors, en déchirant mon âme, en vous
« vantant d'une conquête cruelle, c'est vous,
« Philandre, qui êtes orgueilleux, et vous
« n'avez d'esprit qu'à mes dépens. »

Peut-être Amynthe était-elle irritée, en
écrivant ces lignes, plus offensée de la pré-
somption de Philandre que de ses compliments, quoiqu'elle voulût faire croire que la
flatterie était la cause de son ressentiment.
Souvent les femmes disposées à avoir d'elles-
mêmes une opinion favorable veulent paraître

plus modestes sur ce point qu'elles ne le sont réellement. Elles craignent que celui qui les flatte n'ait pas d'elles une idée aussi avantageuse qu'elles le désireraient. Il faut cependant une certaine indulgence pour le caractère de celui qui veut nous plaire. S'il aime à parler beaucoup, permettons-lui de s'étendre sur notre éloge, sans lui en faire un crime. Si c'est un homme grave et sérieux, une expression tendre, un mot agréable, feront sur nos cœurs autant d'impression que les protestations les plus animées, les vœux les plus pressants, et l'éloquence la plus persuasive. Nous ne devons pas nous étonner si quelquefois les compliments vont au delà de la vérité, si nous entendons un homme appeler *belle* une femme qui n'est pas difforme; s'il donne beaucoup *d'esprit* à celle qui n'a que le sens commun; s'il regarde comme *bien élevée*, celle qui est habillée élégamment et avec goût, et s'il croit que la politesse dans une femme est le signe d'un excellent naturel. Je serais aussi ridicule en ajoutant foi à vos compliments excessifs, qu'injuste si je ne vous croyais pas sincère, lorsque vous me parlez d'amour et d'amitié. Pour le reste, Damon, vous en parlez avec tant de grâce, que le meilleur parti est de

vous croire; j'y trouve un plaisir infini, parce
que je vous aime, et si je ne puis découvrir la
fourberie, je suis bien aise que vous me
trompiez; vous le faites si agréablement!

Sixième Heure

PROMENADE SANS DESSEIN

Vous avez encore le temps de vous promener; et ma pendule vous engage à accepter la
proposition de vos amis. Vous irez au parc ou
au mail, car la saison est belle, et toutes les
beautés aiment trop ces promenades, pour ne
s'y pas trouver. C'est là que se nouent mille
intrigues. C'est là qu'on se rend pour faire des
conquêtes et subjuguer des cœurs. Prenez garde
au vôtre, Damon, et n'admirez pas tout ce qui
frappe votre vue. En passant près d'une beauté,
ne lui soupirez pas tout bas quelque compli-
ment. Bannissez de votre pensée tout désir
criminel, et ne permettez pas qu'un regard
attentif s'échappe de vos yeux : de tels regards n'appartiennent qu'à l'objet de votre

amour. Mais surtout veillez sur vos discours ; vous ne mériterez de reproches pour avoir gardé le silence pendant toute la promenade. Ceux qui vous connaissent croiront que c'est l'effet de la mélancolie, et si quelqu'un de vos amis vous demande pourquoi vous êtes si triste, je vous permettrai de soupirer et de lui répondre :

LE MÉCONTENT

« Ah ! ne vous étonnez pas si je parais insen-
« sible aux plaisirs de la promenade, si mes
« pensées se concentrent ainsi en moi-même,
« mes yeux n'aiment pas à errer sur les beautés
« qui ornent ces bosquets. Celle que j'aime
« est absente. »

« Ne me demandez pas pourquoi les fleurs
« du printemps, le doux gazouillement des oi-
« seaux, le murmure des ruisseaux, l'ombre
« des arbres n'ont plus pour moi des charmes ;
« pourquoi l'haleine des vents qui agitent
« mollement ces épines fleuries, ne transporte
« plus mon âme ? Iris est absente ; je ne vois
« plus rien de charmant sur la terre.

« Souffrez que je me promène l'œil baissé,

« et dans une attitude de douleur; que la
« beauté passe près de moi sans attirer mes
« regards. Ce n'est plus pour moi que les ar-
« bres se couvrent de fleurs, que les ruisseaux
« argentés contribuent au triomphe du prin-
« temps. Iris seule peut animer les arbres et
« les plaines, et faire renaître la nature et
« mes plaisirs. »

Je ne prétends pas pour cela borner vos regards : vous pouvez jeter un coup d'œil indifférent sur tous les objets. Vous pouvez admirer
toutes les beautés en général, mais qu'aucune
en particulier n'obtienne vos éloges. Je ne
vous condamne pas à un silence absolu. Il est
certains devoirs de politesse que vous êtes
obligé de rendre à vos amis, et aux personnes
de votre connaissance. Lorsque je vous prie
de ne rien faire qui puisse vous donner la réputation d'être l'amant en titre d'une de ces
beautés, je ne veux pas, par une sévérité inutile et malhonnête, gagner le cœur d'un
homme bizarre et ridicule. Je serais au désespoir que l'on pût vous reprocher d'avoir
manqué aux égards que vous devez au beau
sexe. Soyez juste, acquittez tout ce que vous
devez, mais sans prodigalité. En un mot, regardez, parlez, promenez-vous, mais toujours

sans dessein, et n'oubliez pas l'avis qu'Iris vous envoie :

AVIS

« Prenez-garde, Damon, à ce bosquet où les
« beautés vont se promener dans le dessein
« de faire quelque conquête ; veillez attentive-
« ment sur vos regards et sur vos discours,
« car l'amour est là qui vous tend mille pièges.
« Les vents qui rafraîchissent ce bocage, les
« fleurs qui en parfument l'air, l'ombre des
« arbres, l'eau des ruisseaux, tout est d'accord
« pour vous subjuguer, tout conspire contre
« votre cœur facile. Souvenez-vous, Damon,
« que votre sûreté dépend de vos regards : le
« cœur est esclave des yeux. Si vos yeux se
« dirigent sur une beauté redoutable, l'honneur
« ne pourra garantir votre cœur. L'âme est
« toujours dupe de la vue ; elle se laisse char-
« mer par l'appât du plaisir. »

Examinez-vous bien attentivement. Tâchez
de ne rien voir pendant la promenade, et surtout, ne restez pas longtemps dans ces lieux
enchanteurs.

Septième Heure

RETRAITE VOLONTAIRE

Vous devez être fatigué, il est nuit : quittez vos amis et retournez chez vous. C'est dans cette retraite, qu'il faut vous rappeler toutes les actions de la journée pour m'en rendre compte dans la lettre que vous allez m'écrire. Vous ne pouvez sans trahir l'amour, me déguiser la plus petite chose ; car tout le monde convient que rien ne prouve mieux la passion, qu'une confiance sans bornes, et que l'amant qui refuse sa confiance à sa maîtresse, n'est qu'un amant indifférent qui pense mal de la générosité de celle qu'il aime. Pour vous acquitter en homme d'honneur, et bannir de mon âme tous les doutes, réfléchissez sur tout ce que vous avez fait aujourd'hui, et faites-m'en le récit dans votre première lettre. Surtout, soyez un historien fidèle, que votre relation soit exacte : la vérité et la sincérité de votre aveu expieront les petites fautes que vous aurez pu commettre contre moi : car si vous avez manqué aux lois de l'amour, c'est de vous que je dois l'apprendre. Si vous vous accusez vous-même, je regarderai cet aveu comme une espèce de repentir, au lieu que je ne vous pardonnerais jamais, si je l'apprenais d'un autre. Soyez persuadé que si vous l'avouez vous-même, je serai assez indulgente pour vous faire grâce. La plus noble qualité d'un homme est la sincérité; et, Damon, il faut être aussi sincère en amour que dans toutes les affaires de la vie.

LA SINCÉRITÉ

« Sincérité! ô toi la plus grande des divi-
« nités! Vertu dont tout le monde se vante!
« Art que l'on étudie avec tant de soin, et
« qui échappe souvent à nos recherches! Lors-
« que nous approchons de toi, nous perdons
« l'idée avantageuse que nous nous en étions
« formée, tu nous parais moins charmante
« que l'utile flatterie. Tu n'as rien de brillant
« qui éblouisse au premier coup d'œil.

« Cette vertu modeste évite la foule, et,
« comme les Vestales, elle vit dans la retraite,
« n'aime à habiter ni les villes ni les cours.
« L'homme d'esprit la tourne en ridicule, les

« jeunes gens et les petits-maîtres la méprisent

« Damon, quelque illustre que soit votre
« origine, de quelques qualités que votre per-
« sonne et votre esprit soient ornés; si la sin-
« cérité, cette vertu céleste, qui seule peut
« suppléer à l'esprit, au courage et à la
« beauté, ne brille pas en vous, je blâmerai
« ma folie, et je mépriserai la conquête de
« votre âme. »

Huitième Heure

IMPATIENCE

Après avoir réfléchi assez longtemps sur
toutes les actions de votre journée, appelez
votre valet de chambre, ou celui de vos domes-
tiques par qui vous m'avez envoyé votre dernière lettre. Que de questions n'avez-vous pas
à lui faire? Fâchez-vous, s'il ne satisfait pas
assez promptement à votre curiosité : faites-
lui en de sévères reproches; car il est certain
qu'un amant tendre et passionné veut apprendre en une minute ce qui ne se peut ra-
conter qu'en une heure. — Comment se porte
Iris? — De quel air a-t-elle reçu ma lettre?

A-t-elle rougi ou pâli? — Sa main tremblait-elle? — Ses discours étaient-ils entrecoupés de soupirs? — En décachetant la lettre, te faisait-elle quelques questions sur mon compte? — Gardait-elle le silence? — A-t-elle lu attentivement et la joie dans les yeux? — Voilà ce que vous demandez avant d'ouvrir ma réponse. Vous êtes impatient de la lire, cependant vous voulez savoir quelle était mon humeur en l'écrivant; car un amant a mille petites craintes, sans savoir pourquoi. Lisez ensuite ma lettre, elle vous informera de la situation de mon âme : vous pouvez être assuré que mon cœur seul dicte ce que ma main vous écrit.

L'ASSURANCE

« Comment un amant peut-il connaître s'il
« est aimé? Par quelles marques de tendresse
« son amante lui prouvera-t-elle qu'il pos-
« sède son cœur? Sera-ce en rougissant? en
« donnant à ses yeux une aimable langueur,
« en tremblant lorsqu'il approche, et en s'éva-
« nouissant lorsque sa main brûlante se pose
« sur la sienne?

« Sera-ce en prodiguant mille louanges à

« l'esprit, à la beauté de son amant? Sera-ce
« en lui faisant part des peines qu'elle souf-
« fre? Elle est déjà assez indiscrète pour con-
« firmer son amour par ses vœux.

« Les passions légères ne se ressentent qu'en
« présence de l'objet que l'on aime. Un désir
« allume un feu vif et rapide : l'amant dispa-
« raît, et la froideur succède bientôt. Alors,
« l'amante réfléchit sur la scène qui vient de
« se passer. Elle rougit, et voudrait n'avoir
« pas laissé échapper cette indiscrétion; elle
« condamne les erreurs de son esprit.

« Mais un amour fondé sur le mérite de
« l'amant, et autorisé par la raison, sera tou-
« jours le même; il laissera des traces du-
« rables. L'amante confirmera par le don de
« sa main cette inclination de son cœur. Si
« tel est, Damon, la flamme de votre maî-
« tresse, soyez sûr qu'elle est vraie et comptez
« sur mon cœur. »

Neuvième Heure

RÉFLEXIONS MÉLANCOLIQUES

Vous comprendrez facilement ce que ma
pendule vous indique ici. Peut-il être une

pensée plus affligeante que celle de l'absence
d'une maîtresse? Les soupirs de votre cœur
vous feront bientôt connaître qu'Iris est loin
de vous. Accablé de mille craintes, jaloux de
tout le monde, vous porterez envie aux mortels fortunés qui voient, qui entendent celle
que vous adorez. Dans votre impatience, vous
formerez mille résolutions que vous abandon-
nerez aussitôt. Tourmenté par l'incertitude,
vous vous livrerez à un chagrin insupportable.
Employez cette heure à vous occuper de vos
malheurs : ils ne peuvent être légers pour une
âme sensible à l'amour. Tout le monde sait
qu'un amant privé de sa maîtresse est incon-
solable. Quoiqu'il pense sans cesse à l'objet
qui le charme, quoiqu'il en parle à chaque
minute, quoiqu'il lui écrive tous les jours,
quoiqu'il relise mille fois la lettre qu'il en
reçoit, il n'est pas heureux : le bonheur d'un
véritable amant est d'être toujours près de sa
maîtresse. Dites tout ce que vous voudrez,
Damon, dites que l'absence allume une flamme
qu'une présence continuelle éteindrait bientôt. J'aime à vous croire ; mais cependant
l'absence ne trouble-t-elle pas votre repos, et
pouvez-vous être amant heureux lorsque je
suis loin de vous? Pour moi, je puis vous

assurer que votre absence n'a rien qui me charme. Je me flatte que vous pensez de même, et que les maux les plus légers vous paraissent de grands malheurs. Je crois que tous ceux qui vous parlent de moi augmentent encore votre peine, en vous rappelant que je suis absente. Les semaines que je passe loin de vous vous doivent paraître bien longues et bien ennuyeuses. Je ne voudrais pas cependant que votre mélancolie fût extrême, et pour l'adoucir, vous pouvez vous persuader que je la partage avec vous; car je me souviens que vous me disiez dans votre dernière lettre, que vous souhaitiez que nos peines et nos plaisirs fussent communs, et je sens que je vous aime trop pour n'être pas de votre avis.

« L'amour est le plus doux des plaisirs : « c'est le bonheur le plus parfait auquel « l'homme puisse prétendre : c'est la plus « noble passion des âmes. Cependant s'il n'é- « prouvait jamais de difficultés, il perdrait « beaucoup de ses charmes. Le ciel plaît da- « vantage, lorsqu'on y aperçoit quelques « petits nuages. La plus agréable des fleurs, la « rose naissante, est plus en sûreté au milieu « des épines. Si l'amour était un plaisir con-

4

« tinuel, on en serait bientôt rassasié. La divi-
« nité plus sage a voulu, pour conserver ce
« bonheur parfait, qu'il fût mêlé d'inquiétude
« et de jalousie, aliments nécessaires à cette
« flamme. Elle a voulu que ces plaisirs, pour
« en devenir plus vifs, fussent interrompus
« par des craintes, des querelles, des soupirs
« et des larmes. L'absence qui fait paraître
« les minutes des jours, et les jours des an-
« nées à un cœur impatient qui languit et ne
« peut exprimer ses douleurs, contribue en-
« core au bonheur des amants. Mais quelques
« peines qu'un amant ait à souffrir, elles
« deviennent bien légères, lorsque sa maî-
« tresse les partage. »

Dixième Heure

RÉFLEXIONS AGRÉABLES

Après vous être entretenu douloureusement
de mon absence, faites quelques réflexions sur
votre bonheur. Pensez que la permission de
m'aimer est un bienfait : soyez-en persuadé
puisque je ne l'accorde qu'à vous seul, et que

je ne l'accorderai jamais à d'autres. Rappelez-vous d'abord, l'instant où je me laissai vaincre, où je renonçai à cette délicatesse qui m'est naturelle, pour recevoir et agréer vos poursuites. Vos lettres me plaisent : et je le répète, le don de votre cœur m'est cher. Il est vrai que je ne l'acceptai point la première fois que vous me l'offrîtes, il fallait auparavant que vous m'eussiez répété mille fois que vous ne pouviez plus vivre, si je ne vous permettais pas de soupirer pour moi, et qu'il ne vous restait plus qu'à m'aimer ou à mourir. Les rigueurs que je vous fis éprouver doivent être pour vous autant de sujets de plaisir, et vous devez juger du prix de mon affection par la peine que vous avez eue à l'obtenir : ne m'en estimez pas moins, si je n'ai pas fait une résistance encore plus longue. Mais il doit vous suffire de penser et de savoir que mon cœur est à vous : peu importe quand et comment vous l'avez gagné. Lorsqu'après mille soins et mille inquiétudes, nous obtenons l'objet de nos désirs, le souvenir de ces peines et du plaisir que nous avons goûté en l'obtenant, rend notre joie mille fois plus vive.

Souvenez-vous, Damon, que je vous ai préféré à beaucoup d'autres qui étaient dignes de mon estime, et que j'ai fermé les yeux à leurs qualités qui parlaient en leur faveur, pour ne voir que votre mérite.

Considérez donc qu'au bonheur de me plaire, vous joignez la certitude d'être le seul possesseur de mon cœur, et j'ai la bonté de vous avouer ma défaite, contre toute ma délicatesse, et en dépit des scrupules qui, vous le savez, me sont si naturels.

Ma tendresse a été encore plus loin, et je vous ai donné des preuves de ma passion naissante dans toutes les occasions qui se sont présentées. Car, lorsque mes yeux et ma bouche vous eurent fait connaître les sentiments de mon âme, je vous confirmai cette vérité par mes lettres. Convenez, Damon, qu'avec de telles réflexions, vous passerez cette heure fort agréablement.

AMOUR NAISSANT

« J'étais aussi libre, aussi folâtre que le
« zéphir; je n'avais à gémir sur aucune infi-
« délité. Le contentement couronnait toutes
« mes heures; nuls soupirs n'oppressaient
« mon cœur. Je n'avais point à craindre que

« les divinités fussent sourdes à mes prières.

« Je voyais d'un œil indifférent la langueur
« des bergers qui s'efforçaient en vain de me
« plaire. J'étais honnête pour tous, mais je ne
« soulageais pas leurs maux. L'esprit et la
« beauté ne suppléaient pas au charme qui leur
« manquait. Nul n'avait encore blessé mon
« cœur.

« Lorsque vos soupirs allumèrent dans mon
« âme un feu brûlant, l'amour et la pudeur
« me livrèrent un pénible combat; et je sentis
« trop bien ma défaite. Auparavant l'amour
« armé de tous ses traits avait vainement
« essayé ma conquête.

« Mes soupirs s'exprimèrent en même temps
« que les vôtres, et ma rougeur trahit mon
« secret. Lorsque vous me regardiez, je brû-
« lais de porter mes regards sur vous, mais je
« craignais de rencontrer vos yeux. Je trem-
« blais, lorsque votre main pressait la mienne,
« et je ne pouvais cependant blâmer votre
« hardiesse. Enfin l'amour l'emporta, et
« j'avouai hautement mon vainqueur. »

Vous pouvez croire, Damon, que je ne vous
livrai pas facilement mon cœur; mais j'aimais,
et tout me portait à vous aimer. Je ne pouvais

4.

regarder mon amour comme un crime, puisque vos agréments extérieurs et vos vertus justifiaient mon choix. Lorsqu'une femme est assurée que son amant mérite son estime, elle ne craint plus d'avouer sa passion, et son amour surmonte tous les obstacles. Je fis mille fois l'aveu de ma faiblesse, avant de vous en faire part. Maintenant encore en me le rappelant, si le souvenir a pour moi quelques charmes, il renouvelle aussi des sentiments de honte.

Onzième Heure

SOUPER

Vous avez eu, Damon, tant de plaisir pendant l'heure qui vient de s'écouler, vous avez trouvé tant de charmes dans vos réflexions, que je crois en vérité, que vous perdriez encore quelques minutes à réfléchir, si on ne vous annonçait pas que le souper est servi. Allez vite à la salle : peut-être y trouverez-vous des belles et des jeunes gens; mais quelques raisons que vous ayiez d'être content, ne livrez pas trop votre cœur à la joie. Les plus

grands plaisirs sont toujours imparfaits, lorsqu'on ne les partage pas avec l'objet de son
amour. Soyez donc gai et enjoué, mais
avec réserve. Ne parlez pas trop : au reste,
je sais que vous n'aimez pas à parler beaucoup. Si vous le faisiez, ce serait par
excès de complaisance, ou pour plaire à
quelque belle, car vous n'ignorez pas le pouvoir de votre conversation ; et vous savez combien votre esprit enchante tout le monde.
Souvenez-vous que je suis jalouse de toutes
les paroles que vous prononcez et qui ne me
sont pas adressées, et que j'envie le bonheur
de la personne qui vous écoute. Je puis vous
répliquer comme Amynte le fit à Phylandre qui
l'avait accusée d'aimer un babillard. Si vous
ne connaissez pas la pièce qu'elle lui envoya,
je vais vous en divertir. Je vous assurerai en
même temps, Damon, que la qualité de parler
peu qui vous distingue, m'a fait détester ces
petits-maîtres qui se croient de grands per-
sonnages, parce qu'ils parlent avec une pro-
digieuse facilité sur un sujet trivial, qui ont
assez bonne opinion de leur talent pour ne
pas souffrir que personne parle ou réplique,
et qui s'emparent seuls de toute la conversation, afin de passer pour des hommes intéres-

sants et de bonne compagnie. Mais voici cette
réponse :

« Philandre, puisque vous le voulez, j'avoue
« que j'étais impertinente, et que, jusqu'à ce
« moment, je n'ai pas connu dans toute ma
« vie ce que j'avais à faire. Votre opinion est
« la glace flatteuse qui montre à mon esprit
« toute sa difformité.

« Dans vos sentiments simples et sans art,
« je vois les erreurs de mon âme; par une
« seule réflexion vous critiquez toutes les fai-
« blesses de mon cœur. Semblable à la divi-
« nité, vous punissez comme elle avec bonté.
« Ce que vous haïssez m'apprend à être sage.

« Impertinence ! honte de mon sexe, vous
« qui fûtes si longtemps le guide de ma vie,
« vos réclamations modestes subjuguent
« toutes les femmes. J'avoue ce que je dois à
« votre pouvoir divin. Qui mieux que vous
« peut me rendre parfaite !

« Je hais et je méprise souverainement ce
« causeur qui s'enorgueillit de son babil, et
« qui tire vanité de quelques expressions fri-
« voles. Votre conversation raisonnable et
« sensée m'a toujours charmée davantage. »

Je crois que vous êtes assez bon amant pour
penser comme moi, ni jamais forcer la nature,

ni prodiguer ces choses excellentes que vous ne manquez jamais de dire, lorsque vous parlez. Si toutes les femmes me ressemblaient, j'aurais plus de raison de craindre votre silence que vos discours, car vous avez mille manières de charmer sans parler. Mais, Damon, vous savez que la plus grande partie des femmes jugent d'un jeune homme par la volubilité de sa langue, par son habileté dans ses réparties, et qu'elles s'écrient : *Il a toujours à dire les plus jolies choses, les choses du monde les plus surprenantes.* Vous êtes bien convaincu, j'espère, qu'Iris n'est pas une de ces coquettes. Si elle a pu autrefois penser comme elles, votre excellent caractère lui a appris à connaître et à mépriser cette folie. Ayez soin, je vous en prie, que votre conduite ne me donne jamais occasion de vous soupçonner de m'avoir trompée.

Minuit

COMPLAISANCE

La civilité demande un peu de complaisance après souper, et je suis sûre que vous n'en

manquerez jamais, quoiqu'on vous reproche
de n'en pas toujours avoir pour les personnes
qui vous sont indifférentes. L'excès de complaisance est une faute bien excusable : quand
vous seriez un peu plus complaisant qu'il ne
le faut, vous n'en serez pas moins estimable.
Soyez-le donc pour les personnes avec qui
vous êtes ; riez, buvez, dansez, chantez, avec
elles et pensez à moi. Vous pouvez traiter
mille sujets différents dans la conversation,
et penser en même temps à moi. Si l'on vante
la beauté, l'esprit et la vertu de quelque dame,
faites-moi l'application de tous ces éloges : et
si vous n'osez le dire hautement, que votre
cœur au moins tienne ce langage :

« Oui, le bel objet que vous célébrez peut
« nous inspirer de l'amour de mille manières ;
« son esprit et sa beauté charment tous les
« mortels ; mais Iris est mille fois plus belle. »

Jamais on n'a parlé devant moi d'un fidèle
amant que je n'aie soupiré et pensé à Damon.
Toutes les fois que l'on me tient quelques
propos d'amour, avec quel plaisir je les écoute,
avec quel plaisir mon cœur répond :

« Cet amant peut échauffer sa Sylvie, mais
« il ne peut charmer comme Damon. »

Quand je ne serais pas douée de toutes les

qualités brillantes qui ornent ces belles personnes, je veux cependant que votre cœur se
prévienne en ma faveur : et il est inutile de
vous dire, Damon, qu'un véritable amant doit
être persuadé que sa maîtresse ne le cède à
aucune autre beauté. Mais mon Cupidon vous
dit qu'il est une heure, et qu'il faut rentrer
dans votre appartement. Tandis que vous
vous déshabillez, je vous permettrai de vous
dire à vous-même :

REGRETS

« Hélas ! pourquoi le soleil a-t-il aujourd'hui
« terminé sa carrière, sans avoir montré à
« mes yeux ce qu'il y a sur la terre de plus
« beau, ce qui fait l'objet de mes soupirs et
« de mon estime ? Qu'ils furent heureux pour
« moi ces jours où Iris allumait dans mon
« cœur un feu éternel et respectable ; où
« chaque minute me donnait un nouveau
« désir ! Mais maintenant, hélas ! pâle et sans
« vie, semblable à ces fleurs que l'ombre
« flétrit et dont le soleil ne relève point la
« tête abattue, je languis tristement sur mon
« lit. J'embrasse en vain l'insensible colonne.

« Mille fois je m'écrie en soupirant : Pour-
« quoi le ciel a-t-il éloigné Iris d'un amant
« qui l'adore ? »

Première Heure

IMPOSSIBILITÉ DE DORMIR

C'est assez ; Cupidon qui s'intéresse à votre
santé, vous dit qu'il est temps de vous mettre
au lit. Peut-être ne dormirez-vous pas aussitôt : peut-être passerez-vous une heure sans
pouvoir fermer l'œil. Dans cette impossibité
de dormir, je vous conseille de penser à ce
que je fais maintenant. Que votre imagination
se transporte ici : venez observer mes actions
et ma conduite. J'aime à me coucher tard ;
aussi me trouverez-vous assise dans mon cabinet, seule, triste et pensive, dégoûtée de
bus les plaisirs qui charment les autres
femmes. La conversation n'a plus d'attrait
pour moi : la solitude me plaît bien davantage, parce qu'alors mon âme peut librement
s'entretenir avec Damon. Je soupire, et quelquefois vous verrez mes joues mouillées de
larmes que me font répandre mille pensées

tendres et affligeantes. Je partage toute votre inquiétude. Le reste m'est indifférent. Qu'il est doux pour moi de penser que, durant mon absence, votre cœur s'occupe de moi, comme le mien soupire pour vous ! Peut-être suis-je dans l'erreur ; peut-être qu'entraîné par un vain désir de l'immortalité, si naturelle à la jeunesse, vous courez après la gloire que procurent les Muses, Bellone et le dieu des combats. Servant un monarque que ses faits glorieux élèvent au-dessus des héros de tous les siècles, peut-être prétendez-vous égaler la gloire d'un maître si grand, et vous faire un nom aussi illustre dans les armes que dans la galanterie. De telles pensées, je l'avoue, conviennent à votre jeunesse, à votre naissance, et à la place honorable que vous occupez auprès de notre souverain. Permettez-moi cependant de vous le dire, Damon, si vous voulez être ou un poète délicat, ou un brave guerrier, l'amour mettra toujours des obstacles à votre gloire. Lisez, je vous prie, la pièce suivante :

L'AMOUR ET LA GLOIRE

« Adonis, le charmant Adonis et le sévère

« dieu des combats étaient couchés sous
« l'ombre protectrice d'un laurier.

« Tous deux ils voudraient se reposer : mais
« l'Amour vient agiter le cœur d'Adonis,
« et Mars se sent troublé par de fausses
« alarmes.

« L'un voudrait oublier les travaux de la
« guerre dans les bras d'une belle ; et l'autre
« croit que la chasse éteindra le feu qui le
« consume.

« Il passe les jours à poursuivre les bêtes
« sauvages, sur les côteaux, à travers les
« plaines. Aussi léger que le Zéphir, il atteint
« les cerfs à la course, mais c'est en vain : le
« dieu d'Amour est encore plus léger que lui.

« Mais, hélas! la chasse et les pénibles tra-
« vaux de la journée ne peuvent rien. Le soir
« le ramène au bosquet de Cypris; il y revient
« pour soupirer et languir pour la reine des
« Amours.

« Là il compose des élégies et des sonnets,
« fait répéter le nom de Vénus aux échos d'a-
« lentour, et grave sur l'écorce des arbres les
« témoignages de sa flamme.

« Le guerrier, couvert de poussière, au mi-
« lieu de la plaine essaye d'effrayer par le

« bruit des trompettes et des clairons le petit
« dieu qui toujours l'accompagne.

« Mais, hélas! c'est en vain. Si pendant le
« jour il épouvante le folâtre enfant; l'Amour
« se venge lorsque les ténèbres ont fait cesser
« le bruit des instruments.

« L'amour le suit dans sa tente; Mars passe
« les heures du sommeil à soupirer, et toutes
« ses résolutions s'évanouissent.

« Alors il se retire à l'ombre des bocages. Il
« y cherche en vain le repos. En vain il veut
« arracher le trait qui l'a blessé.

« Tandis qu'il est ainsi livré à l'inquiétude,
« arrive Bellone qui, le regardant d'un sour-
« cil fier et dédaigneux, lui reproche sa fai-
« blesse et sa honteuse flamme.

« Lève-toi, lui dit-elle, terreur du monde,
« regarde nos armées brillantes qui sont de-
« vant toi. Elles n'attendent que tes ordres
« pour marcher au combat.

« Comment le dieu de la guerre peut-il se
« reposer honteusement sous des lauriers des-
« tinés à couronner le front du vainqueur?

« Quoi! des larmes déshonorantes ont
« mouillé ce visage, siège de la terreur, et ces
« joues brunies par le soleil!

« Quelle divinité a détruit ces mâles attraits ?
« Quelle nymphe fatale a rendu Mars sourd au
« bruit des combats ?

 « Que les enseignes de la victoire se baissent !
« Mars, plongé dans les délices, esclave de
« l'Amour, renonce à l'empire du monde.

 « Languis, puisque tu le veux ; perds toute
« la gloire que tu t'étais acquises. Aime.

 « Telles sont les reproches que Bellone fait
« au dieu des combats. C'est ainsi qu'elle le
« force de renoncer à Vénus, et de quitter ses
« bosquets agréables et ses prairies émaillées
« de fleurs. »

Vous voyez que les poètes et les guerriers
sont quelquefois affligés, même à l'ombre de
leurs lauriers. Les couronnes de la gloire ne
sont pas préférables à celles de l'amour.
Qu'est-ce que la gloire ? Un nom vide que le
hasard procure et enlève. Mais l'amour occupe
plus noblement une grande âme, et tous ses
plaisirs sont solides et durables. Souvenez-
vous que l'amour a toujours la gloire pour com-
pagne, lorsque l'objet que nous adorons est
digne de notre flamme. Mais allez dormir, il
est temps. Que votre imagination se repaisse
de songes.

Deuxième Heure

CONVERSATION EN SONGES

Vous serez surpris sans doute que ma pendule ose régler les heures do votre sommeil, et que mon Cupidon se mêle de diriger vos songes, qui ne sont que des pensées sans ordres auxquelles la raison n'a point de part, et de vraies chimères de l'imagination. N'allez pas croire que ma pendule vous conseille rien d'absurbe. N'est-il pas probable qu'après avoir pensé à moi pendant le jour, vous y penserez encore pendant la nuit? Ainsi le premier songe que vous permette votre amante, c'est de rêver que vous causez avec elle.

Imaginez-vous, Damon, que vous me parlez de votre passion avec tout le transport d'un amant, et que je vous écoute avec plaisir; que mes regards et ma rougeur, tandis que vous parlez, vous donnent de nouvelles espérances, et que je vous prodigue des témoignages innocents de ma tendresse.

Dites-moi tout ce que l'amour et l'esprit peuvent inspirer de plus tendre et de plus délicat.

Faites-moi l'aveu de votre flamme, rien ne peut me causer un plus vif plaisir ; et croyez qu'à mon tour, pour rendre votre songe encore plus flatteur, je vous dévoile le fond de mon cœur, et tous les secrets amoureux qu'il renferme. Figurez-vous que je vous donne soupir pour soupir, tendresse pour tendresse, cœur pour cœur, plaisir pour plaisir. Puisse la sensation que vous éprouverez être si parfaite, et votre joie si entière, que, si par hasard vous vous éveillez, votre cœur fut encore agité du doux plaisir que vous goûtiez ! Puissiez-vous dans un transport d'amour vous écrier :

« Ah ! qu'un songe est doux, quand Iris en « est l'objet ! »

Vous voyez, Damon, que le premier vœu de votre amante est que vos pensées l'offrent sans cesse à votre cœur.

Troisième Heure

CAPRICES EN SONGES

Il faut mêler à vos plaisirs quelque chagrin, afin de les rendre plus piquants. Si votre imagination ne vous offrait que des faveurs, bientôt vous en seriez rassasié. Je souhaite, au contraire, que vous me regardiez dans vos songes comme la personne du monde la plus capricieuse. Je sais que vous maudirez ma pendule, et que vous m'accuserez de cruauté ; mais c'est une méthode nouvelle que je veux employer, et dont mon amour se promet de grands avantages. Je crois bien que vous n'entrerez pas d'abord dans mon projet, et que vous me direz :

« Oh ! Iris, pourquoi n'accordez-vous pas à
« mes heures de sommeil ; les plaisirs que
« vous me refusez pendant le jour ? N'est-ce
« donc pas assez que vous soyez absente?
« N'est-ce pas assez de soupirer tous les jours,
« de languir dans l'inquiétude, d'être en proie
« à la passion qui consume mon cœur? Je
« brûle d'amour et de désirs. La jalousie et
« la crainte me désespèrent. Je me fatigue
« pendant tout le jour pour trouver le repos.
« Je le cherche en vain : il n'est ni auprès des
« femmes d'esprit, ni auprès des belles.

« Le repos est banni des camps et de la cour,
« Il est loin du tumulte des affaires, loin du
« théâtre et des promenades. Les beautés fraî-
« ches et charmantes qui ornent nos assem-

« blées, n'attirent plus mes regards. Si je sou-
« pire, si je souris, c'est en pensant à Iris.

« Que votre amant soit heureux dans ses
« songes, qu'il goûte au moins le bonheur pen_
« dant son sommeil. La fille la plus sévère
« peut céder dans l'ombre d'une nuit obscure
« ce que la lumière ne lui a pas permis d'ac-
« corder. Je rêverai que vous êtes présente,
« et que je reçois de vous toutes les faveurs
« dont une femme honnête n'a point à rou-
« gir. »

Telles sont à peu près les plaintes que vous
m'adresserez. Mais, Damon, si les querelles
d'amant rendent le plaisir de la réconciliation
plus vif, ne devez-vous pas vous féliciter de
mes caprices, surtout en pensant que je ne
suis capricieuse qu'en songes. Je prétends donc
vous donner quelque chagrin; et vous n'é-
chapperez pas aux songes que vous indique
mon Cupidon. Vous rêverez que j'ai mille faiblesses, que je partage toute la légèreté de
mon sexe; que la vanité seule remplit mon
âme; que, fière de traîner à mon char plusieurs
amants, je cherche à faire des esclaves par le
plaisir seul d'être adorée. Je vous permettrai
de penser que mon cœur est volage, que je
ne vous le cède que pour un jour, une heure,

un moment, et que je suis coquette jusqu'à l'impertinence.

Dites-moi tout ce que vous penserez de plus injurieux, mais souvenez-vous que je ne serai aussi indulgente pour vous qu'en songes ; car dans tout autre temps je ne vous pardonnerai jamais la moindre offense; il faut encore que vous me passiez cent caprices plus singuliers. J'exige de vous mille choses injustes. Je prétends que vous rompiez avec vos amis, et que désormais vous n'en ayez aucun. Ce que je vous défends si expressément, je le ferai sans vous laisser le droit de vous en plaindre. J'aurai des amis à qui je témoignerai cette tendre amitié qui ressemble si fort à l'amour, ou plutôt cet amour que le peuple appelle amitié.

En un mot, je veux que vous soyez très ingénieux à vous tourmenter. Croyez que je suis devenue injuste, ingrate et insensible ! Ah ! Damon, consultez votre cœur à votre réveil : demandez-lui si j'ai toutes ces faiblesses. Votre amour seul prouve le contraire. Je ne suis pas exempte de défauts, mais un amant doit les excuser; il doit toujours chérir sa maîtresse, quels que soient ses caprices.

Quatrième Heure

JALOUSE EN SONGES

Ne vous éveillez pas, Damon : je vous réserve encore d'autres tourments, il faut que vous soyez en proie à la jalousie; il faut que ce monstre déchire votre cœur, et séduise votre raison. Il faut qu'en dormant vous soyez persuadé de mon infidélité, et que vous expliquiez défavorablement toutes mes actions. Je souhaite que votre jalousie monte à son comble, et que vous soyez sur le point de succomber au chagrin et au désespoir.

Vous croirez qu'un de vos rivaux est avec moi, qu'il interrompt tous vos discours, ou vous empêche de parler. Vous vous imaginerez que je ne fais aucune attention à ce que vous me dites tout haut, tandis que j'écoute favorablement ce que votre rival me dit à l'oreille. Vous murmurerez en le voyant me suivre partout. Vous croirez que je le traite avec douceur, mais cependant avec cette vanité si naturelle à mon sexe qui nous fait désirer d'avoir une multitude d'amants qui soient tous rivaux. Je sais que vous m'aimez trop pour n'être pas extrêmement gêné dans la compagnie d'un rival : car un rival est toujours un personnage fort incommode. Ce n'est pas encore assez : je veux que vous pensiez que mes regards le flattent de quelque espérance, et que j'ai donné mon cœur à ce mortel plus heureux que vous. Je veux que vous souffriez pendant ce songe tout ce que la jalousie peut faire souffrir à un cœur tendre et passionné.

LE TOURMENT

« O jalousie ! passion affreuse, aussi cruelle
« que le désespoir, aussi funeste que la haine,
« tu causes la perte des malheureux qui t'é-
« coutent. Poison subtil, que l'imagination
« prépare, tu te répands dans toutes les veines,
« tu pénètres jusqu'au cœur, tu détruis les
« sources de la vie. Ennemie des plaisirs, tes
« attributs sont la rage, le désespoir et les
« désirs les plus insensés.

« En un mot, la jalousie est une passion
« qui trouble tous les sens, et qui dérange
« toute la nature. Elle fait entendre et voir ce

« que l'on n'a jamais dit, ce qui n'est pas
« visible. C'est le fléau de la santé et de la
« beauté; c'est un mal plus dangereux que la
« mort. La jalousie tyrannise les cœurs, elle
« les agite de mille inquiétudes.

« Si une amante veut faire éprouver à son
« amant l'excès des tourments, qu'elle souffre
« dans son cœur le noir venin de la jalousie. »

Vous vous apercevrez facilement que j'ai été
affectée de cette passion malheureuse. Je veux
que vous l'éprouviez comme moi; je veux que
mille pensées tumultueuses vous occupent
pendant ce songe. Vous formerez mille projets qui se détruiront mutuellement. La colère,
la haine et la vengeance dévoreront à l'envie
votre cœur.

La raison et l'amour n'imposeront pas silence à ces passions trop puissantes. Pour
vous porter des coups plus sûrs, elles vont se
réunir. Craignez leurs efforts, et prenez garde
de succomber.

Cinquième Heure

QUERELLES EN SONGES

Je m'aperçois que vous n'êtes pas capable

de souffrir une conduite aussi injuste de ma
part, et je veux bien cesser de vous tourmenter. Quoique vous soyez innocent, vous
allez cependant croire que je me plains du
tort que vous faites à ma réputation, et que
je suis très fâchée d'une jalousie si préjudi-
ciable à mon honneur. Vous m'accusez de
faiblesse, vous formez le projet de ne plus me
voir, et vous faites contre l'amour mille vœux
impuissants. Vous me regardez comme une
coquette, vous ne voulez plus m'aimer et vous
m'adressez les reproches que faisait un de vos
amis à sa maîtresse infidèle :

L'INCONSTANCE

« Sylvie, votre beauté ne fait plus d'impres-
« sion sur mon âme. Votre inconstance dé-
« pare vos attraits. Votre esprit perd toute sa
« force, lorsque je vous vois dépourvue de
« jugement.

« Vous êtes charmante aux yeux de vos
« nouveaux amants, mais ils cessent bientôt
« d'être épris de vos attraits, lorsqu'ils con-
« naissent votre inconstance. Fussiez-vous
» plus belle que la mère des grâces, vous êtes

« inconstante, qui pourrait donc s'attacher à
« vous ? »

Telle est, Damon, l'idée que vous aurez de
moi, et durant ce songe, nous serons dans un
état de guerre perpétuelle.

« Décidés tous deux à rompre notre chaîne,
« nous croyons le faire aisément; mais, hélas!
« nos efforts sont inutiles.

« Que peut faire un amant seul, et sans le
« consentement de celle qu'il aime! C'est en
« vain qu'il veut dégager; il faut un accord
« mutuel. »

Ah! Damon, si nous ne sommes libres
qu'en brisant tous deux notre chaîne en même
temps, les liens qui nous unissent dureront
autant que notre vie. Cessez donc de prétendre
à cette chimérique liberté, et dites en pensant
à moi.

« Hélas! Que mon cœur serait libre, si je
« pouvais renoncer à cette inconstante qui a
« trahi ses vœux et sa foi, et qui cependant
« m'est si chère! La raison veut que je rompe
« ma chaîne; mais l'amour me le défend.
« Obéissons à l'amour. »

Ne vous fâchez pas ; cette heure affligeante
va finir. Que le désespoir s'enfuie loin de votre
cœur : Iris vous rend ses bonnes grâces.

« Que votre cœur cesse de murmurer, la
« querelle n'était qu'une illusion. Un sommeil
« plus tranquille, un songe plus agréable vont
« la dissiper. »

Sixième Heure

RÉCONCILIATION

Les amants irrités essaient en vain, dans la
chaleur de leur querelle, de bannir de leur
cœur une tendresse importune, l'amour rit de
leurs douloureux efforts ; il les regarde d'un
œil de pitié, et les réconcilie. Lorsque la
colère de deux amants commence à se ralentir,
qu'un doux repentir prend la place de leur
emportement, c'est l'instant où l'amour, qui
sent son avantage, rapproche les deux cœurs,
resserre leurs liens, et leur fait goûter les
plaisirs les plus vifs. Qu'il est doux pour
une amante de voir la colère de son amant
s'apaiser. Qu'elles sont charmantes ces expressions, quand il implore son pardon aux
genoux de celle qu'il vient d'offenser ! C'est
alors qu'il lui dit qu'un seul regard tendre et
affectueux le dédommage des peines qu'il a

endurées. Toute la colère de l'amante s'éteint; elle donne à son amant mille marques de sa foi et de sa reconnaissance; et pour mettre le comble à leur bonheur mutuel, les deux amants se jurent une paix inviolable.

Jouissez donc de tous les plaisirs dont est susceptible un cœur amoureux et tendre. Oubliez les inquiétudes qui vous tourmentaient; remerciez l'amour de ses faveurs; adressez-moi mille actions de grâces, et décidez-vous à tout endurer plutôt que de vous brouiller une seconde fois. Quelque délicieuse que soit la réconciliation, les querelles sont toujours dangereuses, et de meilleur avis que je puisse vous donner, c'est de les éviter. Si quelquefois, en dépit de l'amour et de la raison, une querelle était inévitable, croyez-moi, faisons la paix promptement; on court trop de risquer à choquer un cœur, il peut s'endurcir, et perdre sa douceur naturelle. L'amour, il est vrai, ne peut subsister sans querelle, en outre la joie de la réconciliation, l'attachement devient plus fort, et les plaisirs de l'amour ont plus de charmes.

Faites usage, je vous prie, de la recette suivante contre le déclin de l'amour.

« Si vous voulez que la passion dont vous
« brûlez conserve toujours la même ardeur,

« que les querelles de la jalousie ne vous por-
« tent jamais au désespoir. L'amour est un
« enfant que de longs travaux fatigueraient.
« Une guerre pénible accablerait sa délica-
« tesse. »

Septième et dernière Heure

SONGES DIVERS

Voici, Damon, la dernière heure de votre
sommeil. Ma pendule vous laisse le choix de
vos songes. Livrez-vous à votre imagination :
qu'elle s'égare tant qu'elle voudra, pourvu cependant qu'elle ne perde pas de vue un respectueux amour. Ce sont les seules bornes
que je marque à votre imagination. Craignez
d'écouter les flatteries de l'amour, craignez
ses mensonges agréables. Soyez discret dans
vos rêves, comme vous l'êtes pendant le jour.

Réveillez-vous, Damon, ma pendule n'a
plus rien à vous apprendre. Vous savez maintenant tout ce que vous avez à faire durant
mon absence. Je ne crois pas qu'il soit nécessaire de vous précautionner contre le danger des
spectacles : un amant ne peut y paraître sans

sa maîtresse. Si cependant l'honnêteté exige quelquefois que vous vous livriez à ce plaisir, je ne suis pas assez injuste pour m'en fâcher. Je vous prie seulement d'avoir l'air d'y être malgré vous. Que les spectateurs qui vous connaissent puissent dire que le spectacle n'a pas d'attraits pour vous, et que la complaisance seule vous y a conduit. Paraissez indifférent sur tous les objets, et que votre extérieur annonce qu'Iris n'est pas avec vous.

Je ne vous parle pas des devoirs que vous avez à remplir à la cour. Vous les connaissez ; et tel est l'attachement respectueux que vous avez voué à votre maître, que l'amour même ne vous les fera pas négliger.

Je suis charmée que Windsor vous plaise. Vous avez raison de chérir ces lieux enchanteurs. La nature et l'art y offrent des beautés qui m'ont toujours ravie.

Il est inutile, Damon, de vous marquer les heures où vous devez être auprès de notre auguste souverain. L'honneur et l'amour vous en instruiront mieux que moi. Il faut penser à votre fortune et à votre gloire. Car je ne suis pas de ces maîtresses exigeantes qui croient qu'il est impossible de concilier l'amour et l'intérêt, d'adorer son amante, et de bien servir son roi. Je suis persuadée qu'un honnête homme peut remplir à la fois ce double devoir. L'amour et l'ambition ne sont pas incompatibles. On peut brûler d'une noble passion pour sa maîtresse, et s'acquitter de ce que l'on doit à son roi et à sa patrie.

Vous conviendrez, Damon, qu'en fille d'honneur, j'ai payé bien exactement la *discrétion* que j'avais perdue. Si celle-ci ne vous paraît pas suffisante, je serais assez généreuse pour vous donner pleine et entière satisfaction. Souvenez-vous de m'écrire et d'observer ponctuellement tous les mouvements de ma pendule. Plus vous la considérerez, plus vous l'aimerez, et plus vous sentirez que ce n'est point un présent à négliger. L'invention en est agréable et galante, et Genève, si célèbre par son horlogerie, ne vous en fournirait pas une pareille.

Observez bien, Damon, que ma pendule est juste. Elle vous indique tout ce que vous devez faire. Le petit amour y marque toutes les heures, excepté *celle de berger*.

LA BOITE DE LA PENDULE

OU

RÉPONSE DE DAMON A IRIS

Quelles expressions, charmante Iris, pourraient vous marquer toute ma reconnaissance! Comment vous peindre l'excès de mon bonheur, lorsque je reçus ce présent si cher, si précieux! Faveur divine qui a pénétré mon âme d'un sentiment que ma tendresse même ne peut exprimer que faiblement! Mon amour, ma fidélité, méritaient un cadeau; mais je n'en aurais jamais osé espérer un si magnifique. C'est un chef-d'œuvre de délicatesse : le mouvement en est juste, et mon cœur est disposé à observer scrupuleusement ce que m'indique Cupidon.

Vous me conseillez, belle Iris, de conserver cette pendule avec le plus grand soin et vous me l'envoyez sans boite, il faut donc que j'en fasse faire une qui réponde à la perfection de l'ouvrage.

FIGURE DE LA BOÎTE

J'ai envie de donner à la boite la figure d'un cœur. En effet, Iris, votre pendule ne doit-elle pas régler un cœur ? C'est votre cœur qui l'a inventée ; c'est lui qui en a dirigé le travail ; c'est lui qui a perfectionné cet ouvrage admirable. Le cœur n'agit jamais sans la raison et la raison exécute avec plaisir tous les projets que le cœur a formés.

L'amour n'a plus de secret pour moi : votre pendule étale à mes yeux les plus riches trésors de l'amour. Où puis-je mieux renfermer cet objet sacré que dans un cœur dépositaire de tous les secrets de l'âme, et où l'amour seul peut s'introduire ? C'est là qu'il va puiser ses soupirs, ses larmes, ses petites flatteries, l'art de plaire, ses pensées sublimes, et ses transports ravissants. Non, je ne puis mieux placer votre pendule que dans un cœur. Avec quel soin je veillerai sur un bien si intéressant et si précieux ! Soyez sûre, Iris, que je ne le perdrai pas de vue.

Les vœux

« Divinité, qui réglez mes désirs ? ô vous
« qui soufflez dans mon cœur la flamme la
« plus douce ! puisque vous m'avez choisi
« dans la foule nombreuse de vos adorateurs,
« pour me révéler les mystères sacrés que
« vous dérobez aux regards profanes de mes
« rivaux, apprenez à mon âme à brûler d'un
« feu céleste ; dépouillez-la de toutes ces af-
« fections terrestres ; qu'élevée par vous dans
« une sphère supérieure, elle n'en descende
« plus ; que toujours active elle répète au
« monde les leçons qu'elle vient de recevoir
« de l'amour, et qu'elle apprenne à la jeu-
« nesse à observer la plus grande discrétion
« dans les affaires de l'amour.

« Je fais vœu de ne jamais parler de ces
« bagatelles charmantes que ma maîtresse
« me dit tout bas à l'oreille. Je jure de cacher
« dans mon âme ses tendres soupirs ; je jure
« de m'observer en compagnie, de manière
« qu'en présence même de ma maîtresse,
« toutes les belles prétendent à la possession
« de mon cœur, et s'imaginent toutes que je
« les préfère ; mais lorsque je serai seul

« aux pieds de mon amante, c'est alors que
« je veux lui jurer un amour éternel, et, l'œil
« brillant de joie, lui ouvrir mon âme et lui
« montrer mon cœur ; c'est alors que nous
« nous donnerons mutuellement tout ce que
« l'honneur peut accorder. Un spectateur
« importun nous priverait de ces plaisirs ra-
« vissants ; car l'amour est un jeu que l'on
« ne joue que tête-à-tête et le plus difficile
« de ses mystères est de paraître amoureux
« lorsqu'on ne l'est pas, et indifférent lorsque
« l'on brûle d'amour. »

Après vous avoir dit, mon aimable Iris, que
j'ai envie de mettre votre pendule dans un
cœur, il faut vous en montrer les ornements :
ce sont des chiffres couronnés. Ces couronnes,
bien différentes de celles que la vanité a in-
ventées, seront de véritables emblèmes. Quatre branches d'olivier, de laurier, de myrte
et de roses, couronneront mes quatre chiffres. Les lettres initiales de nos noms les for-
meront ; j'y joindrai cependant d'autres lettres qui présenteront un autre sens.

PREMIER CHIFFRE

Le premier chiffre est formé d'un *I* et d'un

D. J'y joins un *A* et un *E,* pour signifier *amour extrême.* Il est bien juste, ô adorable Iris! que l'amour seul soit le nœud de nos chiffres.

« L'amour, qui apprit aux mortels tous
« les arts, doit seul, dans ce chiffre précieux,
« unir nos noms, comme il unit nos cœurs. »

Sans cette douce union, nos âmes pourraient-elles se communiquer ces plaisirs suprêmes, qui mettent le comble à la félicité des amants, et dont les expressions les plus tendres et les plus passionnées peuvent à peine nous donner une idée? Mais, mon adorable Iris, le plaisir de vous aimer me suffit, sans le soin de l'exprimer, pourvu cependant que vous ne l'ignoriez pas, car j'avoue qu'il est nécessaire à mon bonheur que vous sachiez que mon cœur vous adore. En vain paierez-vous mon amour respectueux d'un retour légitime, si rien ne me prouve que je suis aimé, je languirai tristement, et j'éprouverai, en vous aimant, tous les chagrins du mépris ou de l'indifférence. Sans doute, Iris, l'amour que l'on inspire est préférable à celui que l'on ressent et il est plus glorieux de donner que de recevoir : le bienfait renferme quelque chose de céleste. Je voudrais que votre confiance en moi fût extrême, comme ma passion ; et, en vérité, tout amour doit avoir ce caractère, ou il ne mérite plus ce nom divin : ce ne serait plus alors qu'une affection indifférente.

Ces chiffres doivent montrer au monde la noblesse, la force et la délicatesse de notre passion. En effet, Iris, que signifierait notre amour si nous aimions froidement ? De tendres affections unissent les frères et les sœurs, les amis et les parents ; mais qui pourrait exprimer l'excès du plaisir que goûtent deux âmes, lorsque, unies ensemble, elles forment sans cesse des vœux pour leur bonheur mutuel ? C'est la plus vive des jouissances.

Vos regards, vos obligeantes paroles et vos lettres charmantes, m'ont convaincu de votre tendresse ; mes soins, mes soupirs et mon entière résignation à vos volontés, doivent vous prouver l'excès de ma passion. Je ne pense jamais à vous, que mon cœur ne brûle d'une double flamme, qu'il ne soit oppressé par de longs soupirs, et que mille transports ne fassent connaître la force de son ardeur. Comment ose-t-on donner le nom d'amour à une passion faible et tranquille ? Ceux qui n'en

6

éprouvent que de telles, désirent plutôt être amants qu'ils ne le sont en effet ; ils ne doivent pas se mettre au rang des nobles victimes qui s'immolent sur les autels de l'amour ; mais nos âmes, Iris, brûlent d'une flamme plus glorieuse. C'est elle qui nous éclaire, et qui nous empêchera de jamais nous perdre ; c'est elle qui nourrit toutes mes espérances : elle seule me fait penser que je suis digne de vous. Jugez, Iris, de la violence du feu qui m'embrase par l'éclat extérieur que vous voyez briller.

Une passion si vraie et si ardente ne mérite-t-elle pas d'être couronnée ? Et vous étonnerez-vous de voir sur ce chiffre une couronne de myrte dont les rameaux consacrés à la déesse de l'amour sont si chers à ses adorateurs ?

« Les Ris, les Grâces et les Jeux, qui tien-
« nent leur cour dans des bosquets écartés,
« sont couronnés de myrtes. C'est là que les
« Nymphes vont porter leurs guirlandes ; c'est
« là qu'elles chantent leur beauté, tandis que
« les échos répètent leurs éloges et leurs chan-
« sons. »

« L'amour orne son front d'une couronne
« de myrte. Ce feuillage sacré est préférable
» à tous les trésors de l'Orient, et le laurier

« de la victoire cède aux guirlandes de l'a-
« mour.»

DEUXIÈME CHIFFRE

Le second chiffre est couronné de branches
d'olivier; et j'ajoute aux deux lettres de nos
noms *A* et *R*, pour signifier *amour réciproque*.
Toutes les fois, charmante Iris, que j'ai tâché
de vous prouver l'excès de ma passion, j'ai été
assez heureux pour recevoir des témoignages
de votre bonté, et j'ai droit de croire que je
ne vous suis pas indifférent. Honoré de votre
tendresse, je dois décorer ma pendule d'un
chiffre aussi précieux : c'est le trophée le plus
brillant de ma victoire. Ne suis-je pas le plus
heureux des hommes ? J'ai changé mon cœur
contre celui de la charmante, de l'admirable
Iris ! Echange glorieux ! Oh ! ne vous étonnez
pas si mon âme ravie s'abandonne à mille
extases. Non, je ne reprendrais pas mon cœur
pour tous les trônes de l'univers. Aimable
Iris, ne regrettez pas le bonheur dont vous
m'ayez comblé. L'amour seul peut être la ré-
compense de l'amour. Une passion réciproque peut seule faire sentir à l'âme la déli-

catesse de l'amour, et procurer à l'amant toutes les jouissances qu'il peut raisonnablement
espérer. L'amour réciproque fait tout prospé-
rer; il triomphe de tous les plaisirs. Je place
une couronne d'olivier sur le chiffre *d'amour
réciproque*, pour faire connaître que deux
cœurs, que cet amour unit, jouissent d'une
paix inaltérable.

« L'olivier toujours vert est l'emblème de
« l'amour et de la paix : car le véritable
« amour ne se passe jamais; et la paix pro-
« cure des plaisirs éternels. La paix réjouit
« des nations, et l'amour paisible enchante
« les cœurs. »

TROISIÈME CHIFFRE

L'*A* et le *C*, que je joins dans ce chiffre aux
premières lettres de nos noms, et que je couronne de laurier, signifient *amour constant*.
Il ne suffit pas, belle Iris, que ma passion soit
extrême, mes vœux ardents, ou que notre
amour soit réciproque; il faut encore qu'il
soit constant; car, en amour, l'imagination
prévient jusqu'aux désirs mêmes, et ne s'occupe guère des choses dont le temps nous a

privés. Quelque charmant que soit le souvenir des plaisirs passés, le cœur s'en détache aisément pour se repaître d'avance de ceux dont il doit jouir. Que nous serions injustes, Iris, si nous ne nous croyons pas doués l'un et l'autre de la constance, cette vertu admirable! Nos amours ne,sont pas de nature à finir : je veux que, dans les siècles à venir, pour peindre une passion extrême, on dise : *Ils s'aiment, comme s'aimaient jadis Damon et Iris.* L'amant heureux, qui connaît la constance, méprise avec raison des passions éphémères. Quel plaisir, en effet, peut reproduire un amour qui s'évanouit si promptement? Quels transports peut-il exciter dans une âme? Quel agrément peut-on se promettre avec un joueur infidèle qui se rit de vos précautions, et trouve toujours le moyen de vous ruiner ?

L'amour constant résiste aux traits de l'amour, et aux assauts qu'on lui livre pour le surmonter. Il ne se laisse abattre que par une perfidie ouverte, ou un mépris déclaré. S'il s'élève quelques nuages, bientôt ils se dissipent, et l'amour acquiert de nouvelles forces. J'ai donc eu raison de couronner le chiffre de *l'amour constant* d'une branche de laurier,

6.

puisqu'un tel amour triomphe du temps et de la fortune. Quoiqu'il n'attaque jamais, il sait se défendre, et ses victoires n'en sont pas moins glorieuses.

QUATRIÈME CHIFFRE

Peut-être, charmante Iris, ne devinerez-vous pas ce que signifient l'*A* et l'*S* dans ce dernier chiffre couronné de roses. Eh bien ! ces deux lettres veulent dire : *amour secret*. Les plaisirs célestes que cet amour procure sont connus de peu de personnes. Le secret en amour n'en double-t-il pas les douceurs. J'en suis persuadé, que je regarde comme fades et insipides les plaisirs que le secret ne couvre pas de son ombre. Les faveurs innocentes qu'un amant reçoit de sa maîtresse n'en deviennent que plus précieuses, lorsqu'elles sont le prix des dangers qu'il a fallu courir pour les recevoir. L'amant indiscret, qui fait confidence de sa flamme et de ses soupirs à tout le monde, n'éprouve qu'une passion faible, dont les désirs passagers s'étouffent en naissant. Le véritable amour n'a pas ce caractère ; car il cesse d'être un plaisir, s'il est connu ; ce n'est plus alors qu'une affaire de vanité. Je ne prétends pas cependant que notre amour soit toujours secret : je ne veux pas à ce prix arriver au bonheur inestimable 'auquel j'aspire. Mais, lors même que je serai au comble de mes vœux, il est mille plaisirs que je cacherai avec autant de soin que si leur durée dépendait de mon silence.

Je couronne ce chiffre de roses, parce que ces fleurs passent promptement ; et c'est pour vous montrer que notre amour ne peut rester longtemps caché. Les épines qui assiègent les roses vous montreront que la discrétion est pénible ; mais de cette peine coule une source intarissable de plaisirs.

LE MIROIR

ou

L'ART DE CHARMER

———

Vous savez, belle Iris, que ma passion pour vous est tendre et respectueuse; et vous ne voulez pas convenir de la puissance infinie de vos charmes! Il faut, ou que vous regardiez mon ardeur comme insensée, que vous disiez que mes yeux et mon cœur ne savent juger, ni de l'esprit, ni de la beauté, ou que vous conveniez que vous êtes la plus parfaite des femmes. Mais, loin de tenir ce langage, vous m'accusez toujours de flatterie, lorsque je vous parle de votre rare mérite; et, si je vous renvoie à votre miroir, vous me dites qu'il flatte comme Damon.

Mais puisque vous ne voulez pas vous en
rapporter à votre miroir, je vous en offre un
qui ne ment jamais. Comme il n'a été fait que
pour vous, vous êtes la seule personne à qui
il puisse servir.

« Iris, si vous voulez vous garantir de ce
« que vous appelez *flatterie*, consultez ce
« miroir à toutes les heures du jour. Il vous
« montrera vos charmes et vos beautés : vous
« y apercevrez les amours et les grâces qui
« ornent votre visage et folâtrent sur vos
« joues; vous verrez dans vos yeux par quels
« regards vous pouvez inviter vos esclaves, et
« par quel coup-d'œil sévère vous savez les
« repousser.

« Vous verrez avec quel soin l'amour em-
« bellit votre sourire gracieux; de quels traits
« il arme vos yeux aimables; quelle tournure
« élégante il donne aux boucles flottantes de
« votre chevelure; comment il soulève et
« abaisse votre gorge d'albâtre, vous y verrez
« ce que peuvent sur l'âme les agréments de
« la figure, l'esprit, la vertu, réunis à une
« taille et une démarche imposante. »

Mais je me tais : c'est au miroir à parler.

LE MIROIR

Aimable Iris, Damon me donne à vous, dans l'espérance que vous daignerez quelquefois me consulter sur les grandes et importantes affaires de la beauté. Je suis, ô mon adorable maîtresse, une glace sincère et fidèle; croyez, je vous prie, tout ce que je vous dirai.

LA TAILLE D'IRIS.

Votre taille est sans contredit la plus belle taille du monde; elle inspire l'amour et l'admiration à tous ceux qui ont le bonheur de vous voir. Qu'elle est libre et aisée! Elle ne connaît point ces grâces empruntées dont se parent les coquettes qui annoncent le dessein de plaire, dont l'habillement fait toute la beauté, et qui doivent moins à la nature qu'à l'adresse de l'ouvrière qui, par son talent merveilleux, sait placer à propos un agrément. La gêne éternelle où elles vivent les punit bien de leur orgueil. Vous connaissez, Iris, une personne qui, pleine d'amour-propre et de vanité, a su

— 107 —

donner à son corps une si belle forme qu'elle
n'ose plus ni lever les bras, ni tourner la
tête, de peur de déranger l'édifice de sa taille.
On croirait à la voir qu'elle est changée en
statue. Mais Iris, la charmante Iris, n'a rien
dans tout son extérieur qui ne soit libre,
naturel et aisé : tous ses mouvements doivent
enchanter; aussi Damon a-t-il à redouter
mille rivaux !

« Damon, cet amant vrai, qui soupire sans
« cesse pour Iris, ne connaît aujourd'hui
« d'autre plaisir en son absence que de se reti-
« rer seul à l'ombre, et d'adresser ses plaintes
« douloureuses aux échos. »

LE TEINT D'IRIS

N'est-il pas vrai, charmante Iris, que la
beauté de votre teint vous surprend toutes les
fois que vous me consultez? N'avouez-vous pas
à votre cœur que jamais rien d'aussi beau n'a
frappé vos regards? C'est une vérité que je ne
vous ai pas dite le premier. Si vous ne voulez
pas vous en rapporter à moi, interrogez
Damon, chaque jour il vous le répète; mais sa
franchise vous offense; et parce qu'il vous

aime avec passion, son jugement vous paraît
suspect.

« Deux fleurs nouvellement écloses brillent
« sur vos joues célestes. Tantôt c'est la rose
« du matin qui fait disparaître la blancheur
« éclatante du lys; tantôt le lys victorieux fait
« pâlir le carmin de la rose. »

DAMON.

FIN.

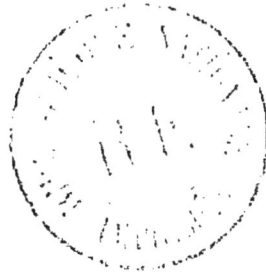

EVREUX, IMPRIMERIE DE CHARLES HÉRISSEY.

www.ingramcontent.com/pod-product-compliance
Lightning Source LLC
Chambersburg PA
CBHW052130090426
42741CB00009B/2019